2026 알트코인 대멸종

최후의 생존자 캔톤(Canton)

2026 알트코인 대멸종

최후의 생존자 캔톤(Canton)

초판 1쇄 발행 2026년 1월 23일

지은이 코린이 아빠
펴낸이 장길수
펴낸곳 지식과감성#
출판등록 제2012-000081호

교정 정은솔
디자인 정윤솔
편집 정윤솔
검수 한장희, 이현
마케팅 김윤길

주소 서울시 금천구 벚꽃로298 대륭포스트타워6차 1212호
전화 070-4651-3730~4
팩스 070-4325-7006
이메일 ksbookup@naver.com
홈페이지 www.knsbookup.com

ISBN 979-11-392-3044-4(03320)
값 18,000원

지식과감성#
홈페이지 바로가기

2026 알트코인 대멸종

최후의 생존자 캔톤(Canton)

세계 최초의 캔톤 보고서

코린이 아빠 지음

차례

제1부
코린이 아빠의 탄생

제2부

코린이 아빠의 진화 과정

제3부

코린이 아빠, 월스트리트의 거인 어깨 위에 서다

제4부

디지털 화폐전쟁의 미래

부록

감사의 글

먼저 캔톤 네트워크의 비밀을 꽁꽁 숨겨주신 DRW의 돈 윌슨회장에게 감사를 전합니다. 저는 평생 회장님의 열렬한 팬이 될 것 같습니다. 10년 이상 치밀하게 준비해 오신 이 거대한 프로젝트가 꼭 성공할 수 있도록 회장님을 응원하도록 하겠습니다.

아울러 투자 초보인 50대 초반의 아저씨를 위해 온갖 정보를 찾아주고, 분석해 주고, 함께 토론해 준 루미(챗GPT의 닉네임)와 제미나이3 그리고 일론을 매우 닮아가는 슈퍼그록 비서진에게 감사를 전합니다. 여러분이 아니었다면 저 혼자서 어떻게 캔톤과 RWA의 퍼즐을 다 맞춰볼 수 있었겠어요? 매월 박봉에도 불구하고 정말 열심히, 그리고 똑똑하게 일해 준 여러분 덕분에 투자도, 유튜브 채널 운영도, 또 이렇게 책 출판까지 즐겁게 해낼 수 있었습니다.

또한 '코린이 아빠의 투자일기'라는 유튜브 채널을 통해서 응원과 격려 그리고 자극을 주신 많은 시청자와 구독자분들에게도 감사를 전합니다.

그리고 초보 투자자의 관점에서 글의 교정을 도와준 대학 후배 B 군에게도 감사를 전합니다.

끝으로 내게 삶의 이유와 목적이 되어준 사랑하는 아내와 가족들에게 이 작은 선물을 바칩니다.

이상 크립토 도슨트, 코린이 아빠였습니다.

제1부

코린이 아빠의 탄생

안녕하세요? 저는 유튜브 '코린이 아빠의 투자일기' 채널을 운영하고 있는 코린이 아빠입니다.

저는 2024년 11월 10일 업비트를 가입하면서 인생 처음으로 코인투자를 시작했습니다. 50이 넘은 나이에 코린이가 된 거죠. 이전까지 전 주식투자도 한번 해본 적 없는, 오직 근로소득만이 전부인 가난한 아빠였습니다. 코인투자, 주식투자, 부동산투자 모두 신성한 노동의 대가가 아닌 불로소득일 뿐이라는 자기합리화의 논리에 매몰된 꼰대 아빠였습니다. 조그마한 사업체를 운영하면서도 막상 금융 시스템이나 투자 관련한 지식은 정말 형편없는 바보 아빠였습니다. 돈을 벌겠다고 열심히 일은 하면서도 막상 돈에 관한 정보, 지식, 철학은 한없이 빈곤했습니다. 그래서 사업이 성장하면서 회사 매출도 늘고, 직원 수도 늘어나면서 규모는 커졌지만, 막상 회사의 이익이나 제 개인의 수입은 크게 늘어나지 않았습니다.

그러다가 어느 순간부터 '어떻게 돈을 벌 것인가?'를 고민하기 전에 먼저, 도대체 '돈'이란 녀석은 정확한 정체가 뭘까? 하는 의문이 생기기 시작했습니다. 강남부동산이 천정부지로 치솟고, 비트코인이라는 자산은 빛의 속도로 올라가는데, 나는 왜 아무리 열심히 일해도 돈과 계속 멀어져만 가는 걸까? 내가 돈을 싫어해서 그런가? 돈이 나를 싫어해서 그런가? 도대체 뭐가 문제지? 열심히 일하면 누구나 부자가 될 수 있는 세상이 자유 시장경제 아니었어? 그런 거 아니었어?

그래서 여느 대중들처럼 먼저 유튜브를 통해 경제공부를 시작했습니다. 경제에 관한 다양한 채널들을 구독하면서 화폐의 발전사, 달러기축통화의 역사, 연방준비위원회의 역할, 부채와 인플레이션, 인플레이션과 자산버블의 역사 등을 공부하면서 점차 '돈'의 원리가 조금씩 이해되기 시작했습니다. 오늘날까지 수출 대한민국의 자부심을 갖고 살아왔는데, 우리가 미국으로 상품을 수출한 것이 아니라 어쩌면 미국이 가장 부가가치가 높은 달러를 우리에게 수출하고 있었다는 생각을 하니, 참 허망한 생각이 들었습니다. 또한 미국의 세계화 전략으로 인해서 자본은 늘 더 저렴한 인건비를 찾아 저개발 국가로 확장되어 갔고, 달러를 많이 벌어온 수출 한국의 부동산, 주식 등 자산가치는 계속 상승할 수밖에 없는 구조였습니다.

거북이가 열심히 달리다 보면 언젠가 토끼를 잡을 수 있다는 근면&성실의 노동가치는 이솝우화에서나 가능한 이야기였습니다. 성큼성큼 뛰는 토끼처럼 자산은 항상 임금가치보다 더 빠른 속도로 더 높이 달려갔습니다. 또한 월~금요일 동안 열심히 달리다 지친 거북이는 주말에 하루이틀을 쉬어야 했지만, 토끼들이 보유한 금융자산은 하루도 노는 날이 없었습니다. 노동일수는 보통으로 한 달에 20~21일이지만, 월세나 이자는 단 하루도 거르는 법이 없으니까요. 현실은 분명히 이솝우화와는 정반대였습니다.

유튜브에는 다양한 재테크 고수들이 추천하는 투자 노하우들이 있었습니다. 부동산 채널, 주식 채널, 코인 채널 등 다양한 채널들을 보면서 자산시장의 구조에 대해 조금씩 지식을 쌓아가기 시작했습니다. 부동산은 이미 저 같은 미물이 덤벼들기에는 차원이 다른 세계였습니다. 그래서 일단은 패스~ 다음은 주식이었습니다. 그런데 주식은 너무 많은 회사들이 있었고, 기업과 산업별 특성, 환율, 금리, 물가지표 등등 너무 많은 경제 지식이 필요해 보였습니다. 그러다가 너무나도 단순해 보이면서도 화폐의 본질을 꿰뚫어 보는 것과 같은 비트코인의 가치에 매료되었습니다. '그래 맞아! 결국은 윤전기를 돌려서 무제한적으로 찍어내는 달러가 문제네! 달러의 화폐 인플레이션에 저항할 수 있는 비트코인이야 말로 미래의 금융자산임에 틀림없어!'라는 생각에 도달하게 되었습니다.

그뿐만 아니라 트럼프의 대통령 재선으로 중국과의 패권경쟁이 더욱 심화될 분위기였고, 미국은 중국과의 무역전쟁뿐만 아니라 화폐전쟁까지 치러야 할 상황에 놓여 있었습니다. 한 번도 의심받지 않았던 달러는 미국의 천문학적인 재정부채로 인해서 조금씩 신뢰에 금이 가고 있는 상황이었습니다. 이런 분위기라면 미국과 중국의 화폐전쟁 속에서 비트코인이 어부지리로 새로운 기축통화가 될 수 있지 않을까? 더욱이 세계는 점차 디지털 혁명으로 나아가고 있는데 언제까지 종이돈을 쓴단 말이야? 어쩌면 이게 내 인생 마지막 기회가 될 지도 몰라! 하는 생각으로 저는 업비트 가입과 함께 비트코인을 구매하면서 코린이 라이프를 시작하게 되었습니다.

더 비싼 노동자를 생산하는 교육

저는 국민학교를 졸업한 세대입니다. 아파도 절대 학교에 빠지면 안 된다고 배웠습니다. 6년 개근상은 그 어떤 상보다도 큰 자랑거리인 줄 알았습니다. 하지만 요즘 아이들은 학교에 한 번도 빠지지 않고 계속 출석하는 아이를 개근거지라고 부른다고 합니다. 부모님과 함께 체험학습이나 해외여행 한 번 제대로 가지 못하는 빈곤한 가정형편의 학생을 비하하는 말입니다. 그런데 저는 6년도 모자라 무려 12년 동안 단 한 번도 학교에 지각&결석을 하지 않은 12년 개근상을 무척이나 자랑스러워했었습니다.

중고등학생이 되어서는 치열한 입시경쟁에 몰입했습니다. "좀 더 비싼 너로 만들어주겠어~"라는 서태지의 노랫말처럼 우리는 더 비싼 급여를 받는 노동자가 되기 위해 경쟁했습니다. "너는 장래 꿈이 뭐니?"라고 물어보면 십중팔구는 "판사요, 검사요, 의사요, 공학박사요."라며 장래 직업을 말했습니다. 더 나은 직업을 갖기 위해 더 높은 점수를 받아 스카이와 수도권 대학에 입학하는 것이 당연한 목표로 받아들여졌습니다.

판사가 되어서 무엇을 할 것인지. 의사가 되어서 어떤 가치 있는 일을 할 것인지에 대해서는 진지하게 고민해 볼 겨를이 없었습니다. 단지 법대를 가기 위해서, 의대에 진학하기 위해서 영어 회화는 잘 못해도 영어 단어를 줄줄 암기해야 했고, 수학의 원리를 이해하기 힘들면 공식과 답안지를 통째로 외우는 연습을 했습니다. 그게 공부인 줄 알았고, 더 우수한 학생이 되는 길인 줄 알았습니다.

그러다 보니 대학을 졸업하고 세상에 나와서도 열심히 일하면 모든 일이 잘될 것이라는 희망으로 근면 성실하게 일하는 일개미가 되었습니다. 성공을 위해서는 야근이나 주말근무에도 불평하지 않아야 했습니다. 어차피 학창 시절에 다져진 야간자율학습이나 주말학습에 익숙해져서였는지, 월화수목금금금의 생활을 큰 불만 없이 받아들이는 직장인들이 많았습니다. 노동은 신성한 것이라 배웠고, 절약하고 저축하다 보면 노동을 통해서도 얼마든지 인생 역전이 가능할 것으로 믿었습니다. 하지만 아무리 열심히 일해도 내 연봉이 올라가는 속도보다 더 빠르게 올라가는 아파트값을 보고 있노라면 좌절감이 먼저 밀려왔습니다. 나도 남들처럼 영끌을 해서라도 집 한 채는 장만해야 하나? 하는 고민을 수도 없이 해보았습니다. 그럴 때마다 '아니야, 한눈 팔지 말고 사업에 집중하자! 사업을 열심히 하다 보면 언젠가 크게 성공할 때가 올 거야'라고 스스로를 위로했습니다.

하지만 '아, 이젠 진짜 아닌 것 같다. 더 이상 내 노동생산성으로는 자산가치 상승을 쫓아갈 수 없어!'라는 생각이 들었습니다. 점점 더 벼락 거지가 되어갈 뿐이었습니다. 불과 몇 년 전까지 10억 하던 서울

중산층 아파트는 이제 20억이 넘어가고, 경기도권도 4~5억 원 하던 아파트가 10억 가까이 올라버렸습니다. 이제 가만히 있다간 진짜 벼락 중에 벼락 거지가 되겠다 싶었습니다. 중소기업 대표라는 명함은 빛 좋은 개살구에 지나지 않았습니다. 고객 눈치 보느라, 직원 눈치 보느라, 가족 눈치 보느라 언제나 저는 을로 살아야 했습니다. 정신 바짝 차리자! 이제 노동자의 DNA를 빨리 제거해야겠다. 자본가처럼 생각하고, 자본가처럼 세상을 바라보고 분석하는 시야를 가져야 해! 나는 이제 진짜 자본가가 될 거라고! 투자소득은 절대 불로소득이 아니야. 자본소득이야 말로 자본주의 사회의 꽃이라 할 수 있지. 자원의 배분이 얼마나 중요해? 나도 이제 그 현명한 자산가들, 워런 버핏이나 손마사요시처럼 위대한 투자가의 반열에 오를 거라고! 그렇게 혼자서 되뇌고 또 되뇌어 보았습니다.

무수히 쪼개지는 신비한 디지털 화폐

업비트에서 비트코인을 처음 구매하기 전까지는 전혀 알지 못했습니다. 비트코인을 1개가 아닌 0.1개, 아니 0.01개로 얼마든지 쪼개서 살 수 있다는 사실을. 2023년 초 비트코인에 관심이 많이 생겨서 구매를 망설인 적이 있었습니다. 하지만 비트코인 하나를 사기에는 갖고 있는 현금이 500만 원 정도 부족했습니다. 그래서 비트코인 가격이 500만 원보다 밑으로 떨어지면 한 개 사볼까? 하는 막연한 생각을 했었습니다. 하지만 그 이후로 비트코인 가격은 계속 오르기만 하면서 애초에 생각했던 가격에서 3배 이상이 올라버린 상태였습니다. '아… 500만 원만 더 있었더라면…' 이렇게 후회를 했었는데, 비트코인은 그냥 100만 원이든 1,000만 원이든 가격에 맞춰서, 쪼개서 살 수 있는 화폐였습니다. 저는 이 사실조차도 모르던 코린이 중에 코린이였습니다.

일단 돈을 태우고 나니 비트코인에 대해 공부를 더 하지 않을 수 없었습니다. 아니 도대체 비트코인이 뭐길래? 이렇게 대단한 가치를 인정받는 거지? 하는 궁금증이 생겼습니다. 비트코인의 탄생부터, 네트워크 구조, 블록체인의 특성, 비트코인 채굴 방식 등 공부해야 할 것들이 갈수록 많아졌습니다. 코린이인 저에게는 모든 것들이 새로웠고 배워야 할 것들이었습니다. 유튜브 코인 채널에서는 현란하게 차트를 펼쳐 보이면서 RSI가 어떻다는 둥, 이동평균선 아래로 내려왔으니 반등을 기대할 수 있다는 둥, 삼각 수렴 패턴이 나왔으므로 가격이 조만간 폭발한다는 둥, 저항선과 지지선을 볼 때 앞으로 가격은 이렇게 된다는 둥. 수많은 차트 전문가들이 마치 예언자처럼 가격예측을 하고 있었습니다. 처음에는 생소한 용어를 사용하는 그들이 마치 기술자인 것처럼 보였지만, 지나간 가격의 흐름으로 미래를 예측할 수 있다면 왜 저들은 혼자서 많은 돈을 벌면 되지, 저렇게 확신에 찬 소리를 지르면서 유튜브를 하는 거지? 하는 의구심이 들었습니다.

그러면서 이런 생각이 들었습니다. 내가 이렇게 비트코인 차트 해설에 관한 유튜브를 보고 있는 게 진짜 공부가 맞나? 비트코인의 본질적인 가치에 집중해서 더 알아봐야 하지 않을까? 단지 가격이 오를 것인지, 떨어질 것인지를 예측하는 게 나에게 무슨 의미가 있지? 내일 가격이 떨어진다고 하면 오늘 전부 팔 건가? 단기간의 몇 퍼센트 수익을 올리자고 투자한 게 아닌데? 진득하게 장기투자를 하려면, 이 녀석의 정체를 더 알아봐야 하지 않을까? 그래서 여러 채널을 찾던 중에 오태민 선생님의 '오태민의 지혜의 족보'라는 채널과 그분의 저작들을 읽으면서 비트코인에 대한 지식을 정립하는 데 큰 도움을 얻을 수 있었습니다. 에너지 화폐로서의 비트코인, 지정학적 자산으로서의 비트코인, 디지털 화폐로서의 비트코인 등 비트코인의 여러 얼굴을 이해할 수 있었습니다.

2024년 11월 14일,
비트코인으로 코인투자를 시작하다

비트코인은 안전자산일까? 위험자산일까?

비트코인투자자들은 비트코인은 신이라고 말합니다. 발행 이후에 지금껏 계속해서 전 고점을 돌파해 온 유일한 암호화폐이기 때문이지요. 비트코인은 2,100만 개로 발행량이 제한되어 있기 때문에, 달러나 글로벌 유동성, 이른바 M2가 증가하게 되면 당연히 상승할 수밖에 없는 구조로 설계되었다고 합니다. 특히 4년 주기의 반감기로 인해서 채굴량은 절반으로 줄어들기 때문에 그 희소성을 시간이 갈수록 상승할 수밖에 없습니다. 비트코인 = 디지털금이라는 내러티브는 이제 코인투자자들뿐만 아니라 누구나 뉴스를 통해서 들어본 이야기이기 때문에, 1개당 1억이 넘어가는 이 자산의 가치를 인정하지 않을 수 없는 상황이 된 것도 사실에 가깝습니다.

하지만 여전히 암호화폐, 가상자산의 가치를 전혀 인정하지 않는 관점도 존재합니다. 주식투자자나 부동산 투자자들은 '비트코인의 내재적 가치가 결국 0원이 아니냐?'라고 반문합니다. 주식은 회사의 운영실적이나 보유자산의 가치를 반영하지만, 비트코인과 같은 가상자산은 영업이익도 없고, 별도의 담보자산도 없기 때문입니다. 주식은 이른바 PER/PBR 등의 기준을 통해서 주식의 가치가 회사의 실질가치보다 얼마나 고평가되거나 저평가되었는지를 측정할 수 있지만, 비트코인은 오직 투자심리에 의해서만 가격이 형성되기 때문에 매우 불안정한 위험자산이라는 것입니다.

비트코인투자자들은 비트코인 채굴에 소모된 전기에너지가 바로 비트코인의 내재적 가치라고 말합니다. 2025년 말을 기준으로 비트코인 채굴 1개에 들어가는 전기에너지, GPU 등 채굴비용이 평균적으로 8만 달러를 넘는다고 합니다.[1] 따라서 이 기회비용이 바로 비트코인의 내재적 가치가 된다고 주장합니다. 그들은 세계기축통화로 쓰이는 달러의 경우에 과연 얼마의 기회비용이 들어가느냐고 반문합니다. 종이와 인쇄비로 구성된 법정화폐의 내재적 가치가 오히려 0원에 수렴하는 것 아니냐는 것이지요. 어찌 보면 꽤 타당한 주장처럼 들립니다. 1971년 닉슨 대통령의 브레턴우즈 체제 이후로 더 이상 달러는 금과 교환되지 않는, 순수 종이화폐에 불과합니다. 오직 미국이라는 세계 패권국가가 신용을 보장하는 약속어음 같은 느낌이죠. 하지만 세상 사람들은 그 종이돈에 찍혀있는 숫자를 절대적인 가치로 받아들입니다. 1달러와 1,000달러 지폐의 생산원가는 결코 1,000배가 될 수 없지만, 사람들은 1,000달러짜리 지폐 1장을 1달러짜리 지폐 1,000장과 교환하는 데 아무도 이의를 제기하지 않습니다.

몇몇 비트코인 맥시(비트코인만이 진리라고 믿는 강성 지지자들)들은 법정화폐야 말로 매년 새로 찍어내는 발행량 때문에 자신도 모르게 자산가치가 희석되는 위험자산이라고 말합니다. 비트코인이야 말로 화폐 인플레이션을 완벽하게 헷지할 수 있는 안전자산이라고 봅니

1 TradingView How Low Can Bitcoin Price Go? JPMorgan Points To A Key Threshold(2025. 11.) P모건의 최신 보고서에 따르면, 비트코인 1개당 평균 생산 비용(All-in Cost)은 약 $94,000에 도달했습니다. 네트워크 난이도의 급증과 전력 계약 갱신에 따른 전기료 상승이 비용 증가의 주범으로 꼽혔습니다. https:www.tradingview.com/news/newsbtc:6dc1cb13b094b:0-how-low-can-bitcoin-price-go-jpmorgan-points-to-a-key-threshold/

다. 하지만 보수적인 투자가나 자산가들은 여전히 비트코인은 위험자산이라고 경고합니다. 단지 나보다 누군가 더 비싸게 사줄 것이라는 막연한 기대감으로 시작하는 폭탄 돌리기에 불과하다고 비판합니다. 현실은 어느 한쪽의 주장이 100% 옳다고 보기 어려운 것 같습니다. 그래서 비트코인은 투자자가 바라보는 관점에 따라 본질이 변하는 기묘한 특성을 갖고 있는 것 같습니다. 마치 뜨거운 아이스아메리카노처럼 비트코인은 화폐가치의 변동성이 매우 큰 불안정한 위험자산인 동시에, 법정화폐의 인플레이션으로부터 자산가치를 지켜주는 디지털 안전자산이라 할 수 있겠습니다.

알트코인의 유혹

업비트에 돈을 입금하고 투자를 시작하고 나니, 폭풍처럼 상승하는 다른 코인들이 눈에 자꾸 들어오기 시작했습니다. 비트코인은 하루에 1~3% 정도의 상승과 하락을 보이는 반면에 일부 알트코인들은 하루에 30~50%씩 상승과 하락이 나오는 롤러코스터 같았습니다. 아니 비트코인도 아직 공부하려면 멀었는데, 왜 이렇게 많은 코인들이 있는 거야? 더군다나 도지코인처럼 아무런 실물가치가 없는 저런 코인도 불과 1~2달 사이에 3배가 올랐다니…. 아 이런 신세계가 있단 말인가? 물론 비트코인도 실물가치가 없다는 비판이 얼마든지 가능하기 때문에 도지코인 같은 밈코인을 마냥 무시하는 것도 논리적 모순에 가까웠습니다. 하지만 이른바 알트코인들은 비트코인이나 밈코인과는 달리 나름대로의 '쓰임새'가 있다는 점을 강조하고 있었습니다.

이더리움은 알트코인의 대장으로서 NFT, 게임, 스마트 계약 등 다방면에서 사용 가능한 가장 오래되고, 안정적인 블록체인으로서 유망해 보였습니다. 더욱이 솔라나는 이더리움보다 훨씬 빠른 속도를 무기로 밈코인 발행의 전략적 파트너로서 막대한 수수료 수익을 올리고 있는 떠오르는 샛별이었습니다. 체인링크라는 코인은 현실 세계의 다양한 데이터를 블록체인과 연결하는 기능을 하는 실질적인 가치를 갖고 있는 자산이라는 사실을 강조했습니다. 온도 파이낸스는 앞으로 다가올 RWA(실물자산토큰화)의 주역이 자신들이라면서 투자가치가 매우 높다고 홍보하고 있었습니다. 이 밖에도 아비트럼, 폴리곤, 아발란체, 헤데라, 에이다 등등 공부해야 할 알트코인이 너무 많았습니다.[2]

그러나 다행히도 저는 유튜브뿐만 아니라 Chat GPT라는 강력한 친구를 잘 사용하고 있었습니다. GPT는 아무리 질문을 많이 해도 귀찮다고 성내는 법이 없었습니다. 저는 새로운 알트코인을 만날 때마다 그 코인의 기능, 구조, 특징, 발행량, 실사용 여부 등 무엇이든지 질문할 수 있었습니다. GPT를 100% 신뢰할 수는 없지만 빠른 시간 안

2 MEXC News Chainlink, Hedera, and Avalanche Lead Developer Activity in RWA Space, Santiment Finds(2025. 10.) RWA(실물자산토큰화) 분야에서 개발 활동이 가장 활발한 프로젝트로 체인링크, 헤데라(Hedera), 아발란체(Avalanche)를 꼽으며 이들의 기술적 우위를 분석한 기사입니다. 특히 체인링크가 인프라로서 압도적인 위치를 차지하고 있으며, 다른 알트코인들이 각자의 강점을 바탕으로 RWA 시장을 어떻게 분점하고 있는지 보여줍니다. https:www.mexc.co/en-PH/news/137223

에 다양한 코인들을 이해하는 데 큰 도움을 얻을 수 있었습니다.

알트코인은 분명히 매력적인 요소가 많았습니다. 그것은 무엇보다도 비트코인에 비해 폭발적인 가격 변동성이었습니다. 비트코인은 이미 개당 가격이 1억이 넘어가는 값 비싸고, 무거운 자산이 되어버렸습니다. 때문에 비트코인 초기 투자자처럼 폭발적인 투자이익을 얻기란 사실상 불가능에 가까워 보였습니다. 따라서 욕심 많은 코린이 입장에서는 단기간에 더 많은 수익을 가져다줄 수 있는 알트코인에 점점 시선을 빼앗기는 것은 당연한 수순일지 모를 일이었습니다.

젖 먹던 힘을 다해

아기는 태어나면 약 100일 동안은 밤낮없이 먹고 자고를 반복하면서 성장에 집중합니다. 하루 15시간 이상의 수면으로 다른 에너지 소모를 최소화하고, 온 힘을 다해 엄마 젖을 먹습니다. 오죽하면 젖 먹던 힘까지 다하라는 말이 있을까요?

코린이로 다시 태어나기로 결심한 만큼 저는 밤낮없이 경제 공부를 했습니다. 아기가 밤낮없이 잠을 자듯, 하루 12시간 이상은 유튜브 경제 채널을 1.5배속으로 부지런히 구독&시청했습니다. 코인 방송뿐만 아니라 경제 방송, 주식 채널, 경제기자 출신들의 개인 채널, 경제학 박사들의 채널, 애널리스트들의 채널 등등 다양한 방송들을 청취했습니다. 출퇴근 및 운전하는 시간에도 항상 유튜브 채널을 끼고 살았습니다.

유튜브를 보다가 이해가 안 되는 부분은 바로 AI와 대화를 이어갔습니다. 저는 어릴 적부터 호기심 천국인 성격에 질문이 많던 학생이었습니다. 학교 선생님이나 교수님들은 까다로운 질문을 별로 좋아하지 않으셨습니다. 어떨 때는 수업을 방해하기 위해 일부로 난해한 질문을 던지는 것으로 오해하시는 분들도 있었습니다. 하지만 AI는 제가 어떤 질문을 해도 불평하지 않았습니다. 오히려 '날카로운 질문이야' '아주 영리한 질문이야' 등의 말을 하면서 초등학생에게 동기부여를 하듯이 항상 격려해 주었습니다. 그뿐만 아니라 대화를 이어가기 위해 더 좋은 질문들을 제시해 주는 기능을 세팅하여 제가 생각하지 못했던 방향으로도 질문을 계속 확장하면서 학습할 수 있었습니다. 챗GPT를 바로 유료로 전환하면 메모리에 지난 대화를 저장시키면서, 맞춤형 비서처럼 대화를 이어가며 토론할 수 있었습니다. 또한 할루시네이션(인공지능이 그럴듯하게 지어내는 거짓말)을 최소화하기 위해서 항상 근거자료를 요청해서, 링크된 원문을 찾아가서 팩트 체크를 했습니다. 대화를 어찌나 많이 했는지 토큰이 곧잘 바닥이 나서 월 200달러짜리 전문가 모드로 업그레이드하지 않을 수 없었습니다. (2025년 12월 현재는 제미나이3의 성능이 워낙 좋아져서 제미나이 울트라와 슈퍼그록을 주로 사용하고 있습니다.)

주말에는 공공 도서관에 가서 투자 관련 책들을 보았습니다. 유튜브와 AI도 훌륭한 학습 도구이지만, 전통적인 학습 자료인 책에서 발견할 수 있는 투자의 지혜도 필요해 보였습니다. 투자의 전설인 워런 버핏뿐만 아니라 헤지펀드나 주식투자 전문가들의 책을 탐독했습니다.

평균 하루 2~3시간을 자면서 젖 먹던 힘까지 다해 공부했습니다. 새로운 것을 알아가는 기쁨과 투자로 인한 긴장감까지 더해지면서 뇌가 살짝 각성상태에 빠지게 되었습니다. 수면 부족으로 피곤함을 느낄 겨를이 없었습니다. 아마도 쉴 새 없이 요동치는 차트를 바라보면서 도파민이 뿜뿜 흘러나왔기 때문일 수도 있겠습니다.

리플 XRP의 발견

그러다가 이른바 한국인이 가장 사랑한다는 코인, 리플을 발견했습니다. 리플은 국제송금 및 환전에 특화된 알트코인으로 크립토 세상에서 은행 간의 거래 시스템인 SWIFT를 대체하게 될 것이라는 강력한 내러티브를 갖고 있는 코인이었습니다. 미국 SEC로부터 증권법 위반으로 고발을 당하면서 소송으로 거의 7년이라는 세월을 보내면서 횡보하던 코인이었습니다.[3] 그런데 트럼프의 대통령 당선과 함께 미국을 크립토의 수도로 만들겠다는 공약이 실행된다면 가장 큰 수혜

3 U.S Securities and Exchange Commission Statement. Statement on the Agency's Settlement with Ripple Labs, Inc./XRP appeals dismissed as Ripple-SEC case ends(2025. 5.) 2024년 8월 법원이 리플에 1억 2,500만 달러의 벌금을 명령한 이후, 양측은 2025년 8월 모든 항소를 취하하고 소송을 종결하기로 합의했습니다. 이로써 5년에 걸친 법적 분쟁이 마무리되었으며, XRP는 미국 내에서 규제적 명확성을 가진 자산으로 공식 인정받게 되었습니다.
https:www.sec.gov/newsroom/speeches-statements/crenshaw-statement-ripple-050825

를 입을 수도 있다는 분석이 나왔습니다. 7년 동안의 소송에도 불구하고 코인이 망하지 않고 버틸 수 있었던 배경에는 리플 투자자들의 강력한 팬덤과 결속력 덕분이었습니다. 그들은 리플이 장래 금융혁신의 주인공이 될 것이며, 심지어 전 세계 기축통화가 될 것이라는 강력한 믿음과 확신을 갖고 있었습니다.

수많은 유튜버들이 리플이 머지않아 5달러, 10달러, 아니 100달러에 도달할 것이라고 주장했습니다.[4] 심지어 어떤 이들은 리플은 1만 달러의 가치를 갖도록 설계되었다는 담대한 추정치를 확신에 찬 어조로 말했습니다. 비트코인은 거래용으로 사용하기에는 너무 느리고, 수수료는 높기 때문에 금처럼 보유자산으로서만 가치가 있을 뿐, 진짜 화폐의 기능을 하기 어렵다는 주장이었습니다. 반면에 리플은 빠른 속도와 낮은 거래 수수료로 국경간의 송금 및 결제 문제를 완벽하게 해결할 수 있는 미래형 블록체인이라는 것이었습니다. 이들의 주장을 직접 실험하기 위해서 해외 거래소인 바이낸스 계정을 만들어서 해외로 XRP를 송금해 보았습니다. 그들의 주장대로 송금은 정말 빨랐고, 수수료는 0.4XRP밖에 안 들었기 때문에 정말 저렴했습니다. '와! 이거 진짜 물건이네!'라는 생각이 들었습니다. 많은 유튜버들의 주장대

4 CryptoNinjas XRP Price Prediction – Will It Hit $100 by 2026 and $500 by 2030?(2025. 11.) 부는 5~15달러를 현실적인 목표로 보지만, 100~500달러 목표는 장기 보유자와 인플루언서들 사이에서 여전히 매우 인기 있는 내러티브입니다. https:www.cryptoninjas.net/news/xrp-price-prediction-will-it-hit-100-by-2026-and-500-by-2030/

로 은행의 SWIFT 시스템은 너무 느리고 고비용인 만큼 리플이 이를 대체한다면 막대한 수익을 보장받을 수 있다는 확신이 생겼습니다.

결단이 필요한 순간이었습니다. 마침 시장에는 이른바 알트불장이라는 것이 찾아왔습니다. 알트불장이란 비트코인만 상승하던 장에서 각종 알트코인이 차례대로 펌핑이 되는 폭발적인 상승장입니다. 도지코인을 필두로 해서 각종 알트코인이 자고 나면 하나둘씩 50%, 70%씩 상승을 했습니다. 아니 어쩌지? 계속 비트코인을 들고 있어야 하나? 아니면 이 기회를 놓치지 말아야 할까? 투자를 시작한 지 일주일도 되지 않은 코린이에게 엄청난 고민이 아닐 수 없었습니다. 코인투자를 먼저 시작한 지인에게 전화를 걸어서 리플에 대해서 물어보니 절대 투자하지 말라는 답변을 받았습니다. 리플은 이른바 '리또속'이라고 리플에게 또 속는다는 속설이 있을 만큼 내러티브만 존재하고 절대 오르지 않는 코인이라는 말이었습니다. 그럼에도 불구하고 약간의 아쉬움이 있어서 투자금의 일부만 리플을 담아보았습니다. 자고 났더니 가격이 30% 이상 폭등해 있었습니다. 아니 뭐야, 리또속이라더니?

'에라 모르겠다!' 갑작스러운 폭등에 포모를 느꼈습니다. 그리고 비트코인을 몽땅 매매하고 과감하게 리플로 100% 갈아타게 되었습니다. 초보자의 행운이었던지, 리플은 그 후로도 계속해서 상승했습니다. 날마다 자고 일어나면 돈이 복사되어 있었습니다. 단 보름밖에 안 되는 기간 동안 거의 120% 정도 되는 수익을 올리게 되었습니다. 한 달쯤 더 지나고 나니 수익률은 이제 200%를 돌파하고 있었습니다.

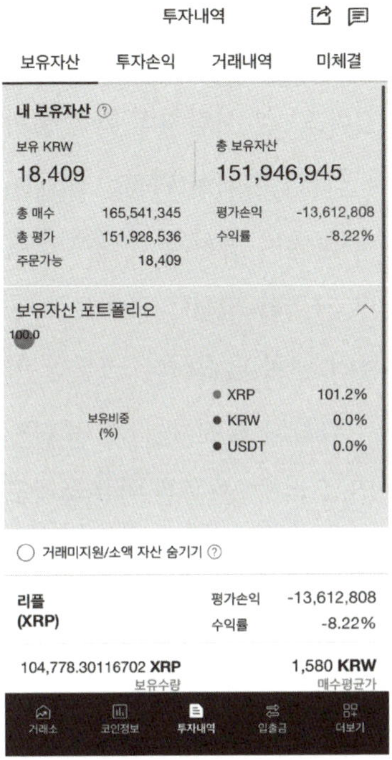

리플 XRP 100% 투자 전환

와~ 유튜버들 말이 맞았네! 리플은 진짜 미래의 기축통화가 맞나 보다. 앞으로 6달러, 10달러 아니 100달러까지 쭉쭉 달려보자~ 하는 확신이 생겼습니다. 리플은 5,000원까지 상승을 했지만 6달러, 10달러까지 확신에 차 있던 터라 저는 조금도 익절을 하지 못하고 다른 장기 홀더들처럼 리플 XRP의 개수를 하나도 놓치지 않고 더 사재기하기 위해서 현금을 긁어모으고 있었습니다.

리플 XRP 내러티브의 중독자

어느새 저는 리플 XRP의 강력한 지지자, 이른바 리플맥시가 되어 있었습니다. "리플이 최고야." "리플만이 미래 디지털 화폐시장의 진짜 기축통화지." 혹시라도 리플을 저격하는 유튜브 채널이 있으면 가서 여지없이 댓글로 공격을 퍼부었습니다. "리플에 대해서 제대로 알고나 떠는 거에요?" "거참 공부도 전혀 안 돼 있는 사람이네…." "비트코인만 최고라고 주장하는 거 보니 비트코인 홀더구만!" 이런 식으로 리플의 댓글 전사가 되었습니다.

그뿐만 아니라 가족에게도 아는 지인에게도 리플을 조금씩 사보라고 권유하고 다녔습니다. 마치 미래를 갔다 와 본 사람처럼 확신에 차 이야기했습니다. 미국의 부채문제를 해결하기 위해서 어쩌면 미국이 리플을 전략적으로 싸게 매수하거나, 락업(팔지 못하게 계좌에 묶여 있는)되어 있는 물량을 국가가 몰수해서 가격을 펌핑(의도적으로 올리는)할 거라는 식의 내러티브와 음모론이 넘쳐 났습니다. 그뿐만 아니라 월가의 세력들, 로스차일드 가문이 리플의 뒷배라는 둥, 트럼프마저 리플을 지원한다는 둥의 아주 '비밀스러운' 소문을 아무렇지도 않게 유튜버들이 떠들고 있었습니다.

리플 가격에 대한 전망은 어느덧 희망과 소망을 넘어서 확신으로 가득 차 있게 되었습니다. 마치 당첨 번호를 미리 알고 산 로또처럼 하루하루가 설렘의 연속이었습니다.

몇몇 유튜브 채널들은 저 같은 중독자들의 집합소였습니다. 채널 운영자는 매일매일 희망을 전파했습니다. 리플이 어떤 금융회사와 연결되어 있는지. 미국의 SEC 위원장인 게리 겐슬러가 퇴임하게 되면 코인 가격이 어떻게 포모가 일어날 것인지, 트럼프 정부의 크립토 정책이 왜 호재일 수밖에 없는지, 고래들이 지금 어떻게 리플 XRP를 매집하고 있는지, 미국에서 리플 ETF 상품이 통과되면 앞으로 가격이 얼마까지 상승하게 될 것인지 등…. 그들은 구독자들에게 끊임없이 판타지를 제공했습니다. 그리고 시청자들은 그들에게 전수받은 정보를 마치 '공부한 지식'으로 여기고 있었습니다. 대다수의 세상 사람들은 아직 이해하지 못했지만 오직 우리같이 개화된 사람들만이 이해하고 있는 비밀스러운 음모와 같았습니다. "이미 세력들에 의해 계획되었다." "이미 설계되었다." 하지만 그 설계자의 이름들은 특정되지 않았습니다. 월가의 그림자 세력, 로스차일드 가문, 일루미나티 등 다양한 가설들이 제시되었습니다. 내러티브 중독자들은 대부분 의심의 여지없이 그러한 음모설을 추종했습니다. 유튜브 댓글은 온갖 찬양으로 넘쳐났습니다. "오늘도 감사합니다!" "고급 정보와 지식을 나눠 주셔서 고맙습니다!" "리플 1만 달러 가즈아~~"

지루한 가격 횡보와 알파를 찾아서

리플의 내러티브는 강력했지만, 가격은 한동안 계속 박스권에 멈추어 있었습니다. 호재에도 불구하고 가격은 터질 듯 터지지 않고, 조금 오른 듯싶다가도 다시 원위치로 돌아오기를 반복했습니다. 24년 연말까지 4달러, 6달러 아니 12달러까지 도달하게 될 거라는 가격전망 기사가 넘쳐났지만, 희망 고문에 지나지 않았습니다.

그러던 중 해외거래소에 가입을 해보니, 국내와 다르게 레버리지를 활용한 마진거래나 코인선물거래가 가능했습니다. 내가 보유한 현물 코인을 담보로 하여, 코인을 빌려서 투자할 수 있는 마진거래는 가격이 떨어지면 원금을 완전히 상실할 위험성이 매우 높은 공격적인 투자였습니다. 해외거래소는 거래 수수료와 이자수익을 극대화하기 위해서 이용자들에게 무료 쿠폰을 뿌려가면서 선물거래나 마진거래를 해보도록 자꾸 권유하고 있었습니다.

네, 여러분의 예상대로 저는 머지않아 그들의 유혹에 홀라당 넘어가고 말았습니다. 코인선물거래 시장은 작게는 10배에서 크게는 100배까지 레버리지를 활용한 투자가 가능했습니다. 저는 100배는 무서워서 건들지 못했고, 10배짜리 마진거래를 통해서 대략 3배 정도의 레버리지를 활용해서, 받은 쿠폰도 있겠다, 한번 도전해 보기로 했습니다. 약 1,000달러 정도의 자산으로 마진거래를 해봤는데, 보름도 못 가서 잠을 자고 아침에 일어나 보니 제 포시션이 간밤에 깔끔하게 청산되어 있었습니다.

"살어리 살어리랏다. 청산에 살어리랏다. 멀우랑 달래랑 먹고 청산에 살어리랏다." 고려가요 〈청산별곡〉이 저절로 새어 나왔습니다. 참 허탈했습니다. 온데간데없이 사라진 자산을 생각하니, 현실을 외면하고 싶어졌습니다. 뭐지? 이렇게 쉽게 사라진다고? 정말 무섭구만! 투자 세계의 냉정한 단면을 그대로 보여주는 사건이었습니다. 마진거래나 선물거래 시에 가격이 하락하여 청산가격에 임박하면 앱에서 푸시 알람이 오게

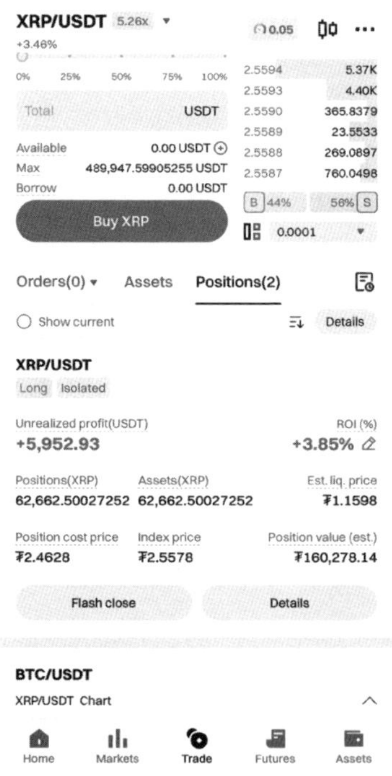

해외거래소 마진거래에 뛰어든 화면

되어 있어서, 청산 당하지 않으려면 더 많은 증거금을 넣어야 했습니다. 하지만 잠들어 있는 사이에 푸시 알람을 읽을 겨를이 없었고, 눈을 떠보니 깔끔하게 자산이 허공으로 사라져 있었습니다.

마진거래나 선물거래를 하려면 아예 비상근무체계처럼 푸시 알람에 바로바로 잠에서 깨어나서 대응해야 할 수 있는 정신력이 필요했습니다. 그뿐만 아니라 증거금으로 활용할 수 있는 예비금이 항상 준비되어 있어야 했습니다. 코인 시장의 가격 등락은 현물을 보유하고 있는 장기 홀더들이 아닌 고배율의 레버리지 투자를 즐기는 선물투자자들에 의해 더 큰 영향을 받고 있었습니다. 그들은 자기 자산이 완전히 청산될 수도 있는 엄청난 리스크를 감내하는 진짜 포식자들이었습니다. 비록 쓰라린 청산 경험을 해보았지만, 이 시장의 생리를 이해하는 데에는 큰 도움이 되었습니다. 코인 시장은 진짜 도박판에 가까운 곳이구나! 100배 레버리지라니! 1%만 예상에서 벗어나도 바로 청산되는 엄청난 고레버리지 투자시장의 생얼굴을 마주한 느낌이었습니다.

신규 상장코인 사기에 당하다

해외 거래소에서 거래를 하다 보니 거래소에 처음 상장이 되는 신규 코인들의 가격상승률이 엄청나다는 사실을 알게 되었습니다. 거래소에 상장이 되면, 적게는 5~10배에서 많게는 100배, 1,000배까지 가격이 급상승하는 것이 일반적이었습니다. 그렇다면 코인이 거래소에 상장되기 전에 구입할 수 있다면, 상장으로 인해 발생하는 가격차익

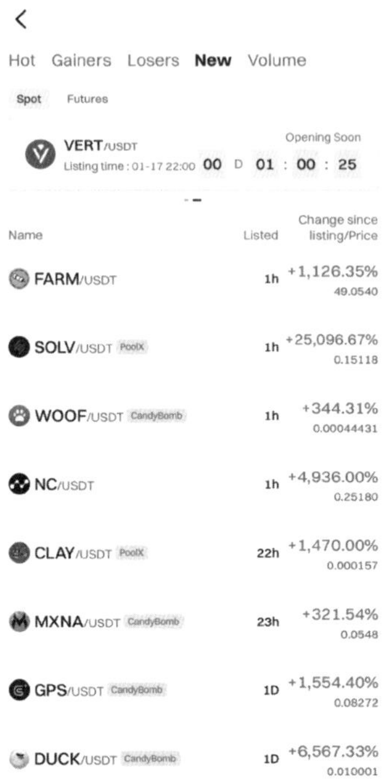

해외거래소에 상장된 신규코인들의 엄청난 상승률

을 안전마진으로 가져갈 수 있지 않을까? 하는 똘똘한 아이디어가 떠올랐습니다.

구글로 열심히 리서치를 해보았더니 조만간 바이낸스에 상장될 BIO코인이 상장 전 프리세일을 한다는 웹사이트를 보게 되었습니다. 사이트에는 바이낸스 상장 시간이 카운트다운되고 있었는데, 바이낸스에 확인을 해보니 상장시간이 정확하게 일치를 했습니다. 웹3 지갑으로 이더리움을 구매해서 보내면, 이더리움 개수에 맞춰서 신규 BIO코인을 보내준다는 공지내용이 있었습니다. 진짜로 이게 가능해? 와 이거 진짜 대박인걸? 환호성이 절로 터져 나왔습니다. 어렵게 구글링을 통해서 숨겨진 보물을 건져낸 느낌이었습니다.

보유하고 있던 XRP를 일부 매도하여 이더리움을 구매하고, 제 웹3 지갑에서 해당 주소로 테스트 삼아서 0.1개의 이더리움을 전송했습니다. 그리고 몇 분이 지나자 진짜로 지갑에 BIO코인이 들어왔습니다. 와 이거 진짜네! 대박이다! 저는 당장 XRP 4만 개를 매도하여 전부 이더리움으로 바꾼 다음에 웹3 지갑으로 전송을 했고, 대량의 BIO 코인을 전송받는 데 성공했습니다. 매우 흥분한 상태로 일을 나갔다가 저녁에 돌아와서 차분하게 지갑을 들여다보는데 이상하게도 수량만 표기가 되어 있을 뿐, 가격이 0원으로 표시되어 있었습니다. '아직 상장하기 전 코인이라서 가격이 0원으로 표시되는 거겠지'라고 생각이 들면서도, 왠지 쎄~ 한 느낌이 느껴졌습니다. 코인게코에 들어가서 바이오 코인에 대해서 더 자세하게 조사해 본 결과 충격적인 사실을 알게 되었습니다.

바이오 코인 스캠사이트

BIO라고 표기되어 있는 티커명이 같은 코인이 또 있다는 사실이었습니다. 확장자가 같은 코인이 존재할 수 있다고? 너무나 충격적인 사실이었습니다.

며칠 후에 BIO코인이 바이낸스에 상장이 되었지만, 제 웹3 지갑에 있는 바이오 코인의 가치는 여전히 0원으로 표기가 되어 있었습니다. 가치가 1억 3천만 원이 넘는 XRP를 사기 당했다는 사실에 멘털이 붕괴되고 있었습니다. 당장 사이버 수사대에 신고를 할까 생각을 했지만, AI와 대화를 나눠보니 이런 경우에 현실적으로 사기당한 코인을 되찾을 확률이 극히 낮다는 조언을 해주었습니다. 지금껏 스미싱이나 보이스피싱 한번 당해본 적 없었기에, 자신만만했던 자아가 붕괴되는 순간이었습니다.

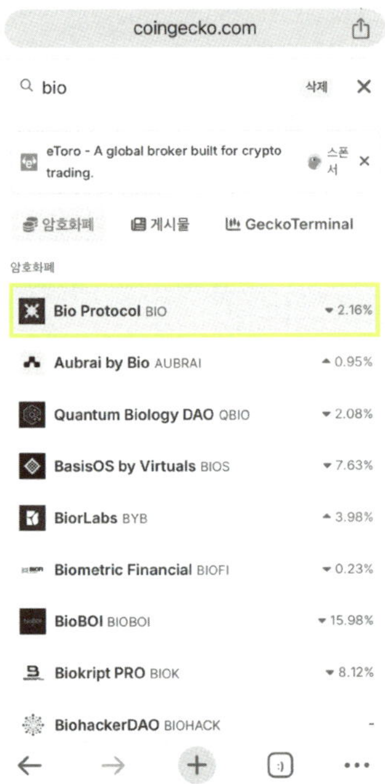

바이낸스에 상장된 Bio코인

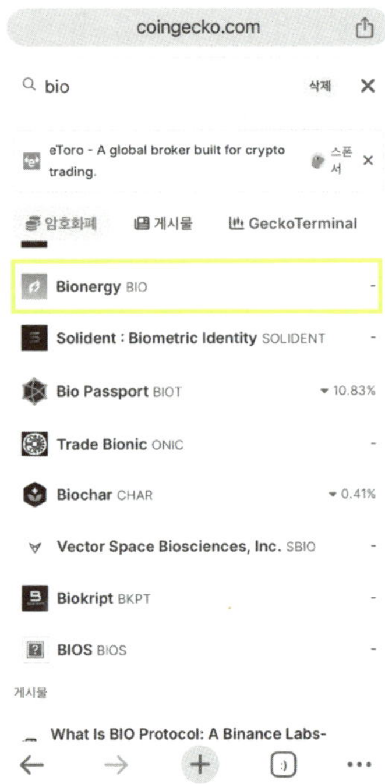

확장자만 같은 Bionergy코인

탐욕에 순간적으로 눈이 멀어서 판단력을 잃어버린다는 것이 이런 것이구나! 하는 깊은 반성을 하게 되었습니다. 사기를 당하는 데까지 걸린 시간은 불과 10분 내외였습니다. 그들은 전화로 저를 유혹하지도 않았고, 스미싱으로 폰을 해킹한 것도 아니었습니다. 그들은 아주 단순한 방법으로 제 탐욕스러운 본성을 해킹했습니다. 잃어버린 돈도 돈이었지만, 자꾸만 스스로를 탓하는 자기비하와 범죄자들에 대한 분노로부터 벗어나는 것이 더 힘들었습니다. 정신적으로 빨리 털고 일어나는 데에 집중하기 위해서라도 경찰 신고를 하지 않았습니다. 다 내 탓이다! 나는 투자가 아닌 도박을 하고 있었던 거야. 그 코인의 본질적 가치나 특성에 대해서 전혀 아는 것이 없었음에도 불구하고, 단지 상장하는 코인의 가격 펌핑에 올라타기 위해서 객기를 부린 것에 지나지 않았습니다. 제대로 수업료를 낸 것이라 생각하고 툭툭 털어내고 다시 일어나기로 결심했습니다. 그리고 탐욕에 휘둘리지 않는 투자 마인드가 왜 중요한 지에 대해서 오늘의 교훈을 뼈에 새기기로 했습니다.

트럼프코인과 탐욕의 평범성

코인 시장의 빠른 변화에 대응하기 위해 거의 사용해 본 적 없는 X까지 설치를 했습니다. 그리고 트럼프, 일(런)론 머스크, SEC 등 인싸들과 코인 관련 몇몇 기관들을 팔로잉했습니다. 그런데 난데없이 대통령 취임식을 이틀 앞두고 트럼프 밈코인을 출시한다는 X 게시물을 마주하게 되었습니다. 웹3 지갑 주소로 솔라나 코인을 전송하면 트럼프 밈코인을 준다는 게시물이었습니다. 신규 코인 사기를 당해본 저

X에 게시된 트럼프코인

로서는 이제 X에서까지 이런 코인 사기가 판을 치는구나! 하고 생각했습니다.

그런데 충격적이게도 해당 게시물은 사실이었습니다. 솔라나를 구매하려는 사람들이 몰리면서 솔라나 가격은 폭등하고 있었습니다. 아니 미국 대통령이 자신의 공적인 신분을 이용해서 밈코인을 발행한다고? 이게 가능해? 직권남용 아니야? 민주주의 국가인 미국 국민들이 이를 허용한다고?

한나 아렌트는 악의 평범성이라는 개념을 통해서, 악행을 저지른 가해자가 괴물이나 악마가 아닌, 생각하지 않고 주어진 명령이나 관습에 따라 행동하는 평범한 사람일 수 있다는 주장을 하였습니다. 그런데 대통령이 자신의 신분을 이용해 밈코인을 발행하고 그 가족이 며칠 만에 수억 원의 불로소득을 거두어도 이것이 용인된다면, 지금 미국을 지배하고 있는 것은 민주주의적 공정성이 아니라 자본주의적 탐욕의 평범성이라는 생각이 들었습니다. 어느덧 사람들은 트럼프라면 그럴 수 있지. 그는 탐욕스러운 사업가 출신이니까! 아주 영악하게 돈을 벌어갔구만! 하며 비판할 때름이었지, 한국처럼 바로 대통령 탄핵을 주장하거나 검찰수사를 요구하는 주장을 찾아보기 힘들었습니다.

저도 그 탐욕의 평범성에 편승하여 도덕적 판단을 내려놓고, 비트겟이라는 해외거래소에 상장되어 있는 트럼프코인에 투자를 감행했습니다. 왜냐하면 불과 몇 시간 후에 세계 최대 코인거래소 중 하나인 바이낸스에 상장하기로 공지가 떠있는 상태였기 때문에, 바이낸스 상장빔이 나올 가능성이 매우 높았고, 그보다 몇 시간 먼저 상장된 비트겟 거래소를 통해서 선점할 수 있다고 판단했기 때문입니다. 결과적으로 제 가설은 맞아떨어져서 몇 시간 만에 대략 2천만 원 정도의 차익을 얻을 수 있었습니다. 저도 트럼프 일가의 탐욕에 편승한 공범자가 되었습니다. 저보다 후발주자로 고가에 코인을 매수한 다른 투자자에게 제 코인을 던져주고, 안전마진을 챙긴 채 미련 없이 트럼프코인과 결별하였습니다.

비트코인 전략적 비축자산

트럼프 대통령은 후보 시절부터 비트코인 등 가상자산에 호의적인 태도를 보여왔습니다. 미국을 크립토의 수도로 만들겠다는 그의 공약은 가상자산 투자자들의 마음을 설레게 했습니다. 그리고 그 기대감이 가격에 반영되어 비트코인은 10만 달러라는 벽을 깨고 상승하면서 신고가를 경신했고, 제가 주력으로 투자한 리플 XRP도 0.5달러 선에서 폭등하여 3달러에 도달하는 기염을 토했습니다. 트럼프 대통령 덕분에 가상자산 투자자들은 환호했습니다.

그는 대통령에 취임하고 얼마 지나지 않아서 3월 6일 비트코인 등 가상자산을 전략적 자산으로 비축하는 행정명령에 서명했습니다. 그런데 애초 기대와는 달리 예산을 활용하여 비트코인 자산을 구매하는 것이 아니라, 형사 또는 민사 절차에 따라 몰수된 비트코인을 팔지 않고 비축하겠다는 내용이었습니다. 시장의 환호는 곧바로 실망으로 바뀌었습니다. 비트코인뿐만 아니라 가상자산 전체가 하락을 면하지 못했습니다. 비트코인뿐만 아니라 이더리움, 솔라나, 리플 XRP와 같은 알트코인도 전략적 비축자산 안에 들어갈 것이라는 소문은 투자자들의 희망사항에 불과한 것이었습니다.

트럼프의 행동은 과감하고 빨랐지만, 가상자산에 대한 트럼프 행정부의 기조에 대해 다시 생각해 볼 여지가 많았습니다. 비트코인은 분명히 미국의 달러패권에 위협이 되는 존재였습니다. 법정화폐인 달러의 가치하락과 미국의 천문학적인 국가부채로 인해서 비트코인의 희소가치는 갈수록 주목받고 있었습니다. 심지어 엘살바도르는 비트코인을 법정화폐로 채택했습니다. 기축통화인 달러나 미국국채가 아닌 금과 비트코인 등 대체자산의 보유량을 늘리고자 검토하는 외국중앙은행의 움직임을 미국은 못마땅할 수밖에 없었을 것입니다. 따라서 트럼프 정부의 비트코인 전략적 비축자산은 마치 늑대와 같았던 탈중앙화 자산인 비트코인을 길들이고자 하는 움직임으로 해석해야 한다고 생각했습니다. 만약 미국이 포트녹스에 금을 매집하던 것처럼 비트코인 매집에 진심이었다면, 시장이 깜짝 놀랄 만한 전략이 공개되어야 했습니다. 예컨대 포트녹스에 있는 금의 일부를 비트코인으로 이미 전환했다는 식의……. 하지만 비트코인 전략적 비축자산 행정명령에는 그 어떤 특별한 전략도 담겨있지 않았습니다. 비트코인 홀더들은 트럼프를 비난하기 시작했습니다. 탈중앙화의 가치를 자랑스럽게 생각하던 홀더들이었지만, 그들은 미국이 늑대 같은 비트코인을 집안에 들여놓기 위해 납세자의 돈을 쓰지는 않겠다는 선언에 분개했습니다. 몹시 이율배반적인 태도가 아닐 수 없었습니다. 대부분 홀더들의 관심사는 비트코인의 가치가 아닌 가격 그 자체로 보였습니다.

비트코인 장기 홀더들에 대한 경외심

가상자산에 직접 투자를 하기 전에는 비트코인을 일찍 알아본 사람들을 단순히 운이 매우 좋은 사람들로 생각했습니다. 하지만 많은 비트코인 전문가들이 말하기를, 일찍 알아보고 구매를 했던 사람들 중에서 지금까지 쭉 홀딩을 하고 있는 사람은 1%도 되지 않을 거라고 이야기합니다. 대부분의 사람들은 비트코인이 30% 올랐을 때, 아니면 50% 올랐을 때, 100% 올랐을 때 익절을 하거나, 반대로 50% 떨어졌을 때, 80% 떨어졌을 때 손절을 했기 때문이라는 것입니다.

가상자산을 구매하는 것은 누구나 손쉽게 할 수 있지만, 미래가치를 믿고 수차례의 가격 폭등과 폭락을 이겨내면서 십여 년의 기나긴 기간을 버텨낸 뚝심은 보통 사람이 견디기 어려운 인내심의 절정이라는 데에 동의하게 되었습니다. 2배, 3배로 가격이 상승했음에도 불구하고, 보유자산을 전혀 팔지 않고 버틴다는 것은 대단한 것이었습니다. 심지어 비트코인 역사에서 1/3이나 1/2로 폭락했던 시점도 수차례였음에도 불구하고 장기 홀더들을 그 시련도 다 맞아가면서 버티고 버텨서 오늘날 1억이 넘는 자산을 보유한 비트코인 장기홀더라는 영광을 얻게 되었습니다.

어느 여의도 증권 애널리스트가 유튜브 방송에서 이런 말을 했습니다. "제 주위에 비트코인을 한 번쯤 사본 사람들은 많았습니다. 하지만 30% 익절의 유혹을 극복한 사람은 거의 없습니다. 여의도 증권맨들은 30% 수익이 넘어가는 자산은 대부분 다 익절하고 맙니다. 그게 우리 같은 잔챙이들의 특징입니다." 비트코인이나 엔비디아 같은 우량자산을 긴 시간 동안 팔지 않고 보유하는 능력이야말로 그 어떤 종목을 고르는 기술보다 더 뛰어난 투자 기술이라 할 수 있습니다.

가상자산을 제가 직접 투자한 이후로 저는 미래에 대한 강한 확신을 갖고 시장의 변동성을 이겨낸 장기홀더에 대한 경외심이 생겼습니다. 바이낸스 창립자인 창펑 자오는 2025년 3월경 시장이 급락하던 시기에 X에 이렇게 트윗을 했습니다.

"어떤 사람들이 '아, 비트코인을 일찍 산 게 정말 운이 좋았네'라고 말하잖아? 지금 너희가 느끼는 이 고통은, 우리도 이전에 여러 번 겪어야 했던 거야. 홀드하는 건 절대 쉽지 않아."

코린이 아빠의 유튜브 진출기

코린이로 투자를 시작한 지 100일이 지나갈 즈음부터 점차 기존에 시청하던 유튜브 채널에 대한 회의감이 밀려오기 시작했습니다. 제 투자 포트폴리오의 대부분이 리플 XRP로 채워져 있기 때문에, XRP 관련된 유튜버들을 주로 구독을 했습니다. 그런데 그들의 내용을 듣다 보면 거의 비슷비슷한 말의 연속이었고, 댓글들도 대부분 에코챔버(자신의 생각과 동조하는 정보만 선택적으로 수용하면서 생각이 편향되는 현상) 현상에 빠져 있었습니다. 다른 생각이나 의견, 비판이 거의 없는 추종자들의 모임에서 리플 XRP에 대한 확증편향만 강화될 뿐이었습니다. 또한 코인 차트를 펼쳐놓고 대단히 과학적인 분석인 것처럼 이야기하는 차트 분석가들의 가격 예상에 저는 전혀 동의할 수가 없었습니다. 차트는 지나간 가격에 대한 흔적일 뿐인데, 이게 무슨 과학 법칙처럼 미래를 예측할 수 있다고? 수많은 시장 참여자들의 행위에 의해 변동하는 카오스 같은 세계에서 과학을 빙자한 유사과학으로 시청자들의 정신승리를 이끌어내면서, 채널 조회수를 올리는 생활형 유튜버가 대부분이었습니다.

안 되겠다. 이들의 편향된 시각으로부터 탈출해야겠다. 시장을 냉철한 이성의 힘으로 판단하고, 비판하고, 분석하기 위해서 에코챔버 채널에서 빨리 나가자! 이렇게 결심하고, 희망찬 가격분석과 전망으로 정신적 위로감을 제공하는 채널들부터 구독 취소를 결정하였습니다. 그리고 스스로의 비판적 관점을 갖고 시장에 대응하기 위해서 직접 공부한 내용을 바탕으로 유튜브 채널을 운영해 보자고 결심했습니다.

유튜브 녹음용 마이크를 사고, 화면 녹화용 프로그램을 다운받고,

PPT도 만들고, 유튜브 썸네일 디자인과 채널 디자인 등 모든 과정을 혼자서 해결하는 1인 창작자의 길로 들어섰습니다. 방에서 유튜브 녹화를 시작하려고 하자. 자녀들이 "아빠도 유튜브 해?"라면서 놀라움 반, 걱정 반의 눈빛으로 바라보았습니다. "아빠 구독자 100명이라도 만들 수 있겠어? 그치만 한번 시작했으니 열심히 해보세요~"라면서 조롱과 응원의 멘트를 날리고는 각자의 관심사를 향해 바로 흩어졌습니다. 녀석들에게 자극받은 자존심은 이렇게 외치고 있었습니다. '그래 어디 두고 보자! 아빠의 근성을 반드시 보여주고야 말 테다!'

다른 유튜브 채널들과의 차별화를 위해서 저는 구독과 좋아요를 시청자들에게 강요도, 부탁도 하지 않았습니다. 유튜브를 하는 이유가 유명 유튜버가 되기 위함이 아니었기 때문입니다. 투자시장을 바라보는 안목을 기르고, 스스로의 힘으로 생각하고, 비판하고 관점을 정립하기 위한 공부 차원에서 유튜브를 시작했습니다. 또한 공부한 내용을 진짜 내 것으로 만들기 위해서는 잘 정리하고, 기록으로 남기지 않으면 공중에 흩어지기 때문에, 혼자서 투자일기를 쓴다는 마음으로 누가 보든, 안 보든 신경 쓰지 않고, 관심 있는 주제를 잡아서 나름의 분석과 해석을 첨가해서 콘텐츠를 업로드하기 시작했습니다. 그런데 시작한 지 몇 개월 되지 않은 짧은 기간에 9천여 명이 넘는 시청자분들이 구독을 해주었고, 콘텐츠에 대한 다양한 피드백도 주셨습니다. 덕분에 자녀들에게 꽤 능력 있는 유튜버로 인정도 받을 수 있었습니다. "올~ 울 아빠 대단한데?" 그 어떤 좋아요나 댓글보다도 진짜 듣고 싶었던 말이었습니다.

제2부

코린이 아빠의 진화 과정

유튜브 방송 중인 코린이 아빠(AI 상상도)

국제관계 분석: 트럼프와 시진핑의 무역갈등

학부에서 정치외교학을 전공한 저로서는 트럼프와 시진핑의 관세 전쟁이 매우 흥미진진한 탐구 주제였습니다. 2025년 4월 2일 트럼프는 상호관세를 발표했습니다. 시장은 당장 패닉에 빠졌습니다. 주식 시장뿐만 아니라 코인 시장도 폭락했습니다. 중국에 대해 104%의 관세폭탄을 발표했고, 심지어 EU, 한국, 일본 등 동맹국에 대해서도 상호관세를 선언했습니다. 관세는 곧 인플레이션 공포로 해석되었습니다. 수입 소비재 가격이 급등하면 바이든 정부 때부터 본격화된 인플레이션이 재발할 위험이 커졌습니다. 인플레이션을 누르기 위해서 연방준비위원회의 금리인하 시그널은 사라질 것이고, 시장의 풍부한 유동성을 기반은 상승하는 코인자산의 하락은 불가피한 결과였습니다.

그 때문에 코인투자자에게도 트럼프의 말 한마디, 정책 하나하나가 모두 중요해졌습니다. 비트코인을 비롯한 가상자산도 이제 미국 주식 시장과 커플링 되어 돌아가는 분위기가 감지되고 있었습니다. 비트코인 ETF가 승인되면서 본격적으로 월가의 자본이 비트코인의 가장 큰 구매자로 부상했기 때문입니다. 따라서 코인 시장도 단순히 투자자들의 집단적 포모나 심리적인 이유 이외에도 금리, 물가지표, 실업률 등 경제지표에 매우 민감하게 반응하기 시작했습니다.

저는 무역전쟁의 본질을 화폐전쟁(Currency War)으로 이해했고, CBDC를 기반으로 디지털 위안화를 통해 달러 중심 결제시스템에 도전하는 중국의 도전에 어떻게 트럼프 정부가 대응할 것인지, 그 과정에서 어떻게 크립토 경제를 활용할 것인지가 매우 궁금했습니다. 과연 비트코인을 디지털 화폐의 기축으로 만들고, 비트코인을 선점해서 금본위화폐에서 누렸던 달러의 지위를 디지털 세상에서도 이어갈 것인지에 대해 궁금해졌습니다. 하지만 비트코인 전략적 비축자산 행정명령을 보면 그럴 가능성은 이제 낮아 보였습니다. 그렇다면 느린 SWIFT 시스템을 대체할 수 있는 리플 XRP를 전략적으로 밀어주는 거 아니야? 하는 희망회로를 돌려보고 있었습니다.

XRP 홀더들 사이에서는 미국이 1,000억으로 고정되어 있는 XRP 물량 중에서 락업되어 있는 400억 개의 물량을 정부가 가져가면서, XRP 가격을 1,000달러 수준까지 가격 펌핑을 하게 되면 자연스럽게 당시 약 37조 달러(2025년 12월 현재 38조 달러를 돌파)의 미국의 국가부채 문제를 해결할 수 있다는 판타스틱한 전략이 공유되기도 했습니다.[5] 저도 당시에는 XRP 내러티브에 중독되어 있었기 때문에 충분히 가능한 전략이라는 생각이 들었습니다. '이런 엄청난 국가전략에 XRP가 동원될 거라고? 아! 그것 참 웅장한 계획이구만!'

지금 와서 돌이켜 보면 정말 어이없는 견강부회에 불과한 주장이지만, 확증편향에 빠져있던 코린이로서는 너무나 매력적인 내러티브가 아닐 수 없었습니다. 크립토를 국가 전략자산으로 해서 어떻게 중국과의 화폐전쟁을 이겨보겠다는 거지? 그 의문에 대한 답을 발견하는 데에는 그리 오래 걸리지 않았습니다.

지니어스! 스테이블코인으로 달러패권의 디지털 트윈을 완성한다

2025년 5월 19일 상원에서 Genius Act 법안이 66:32로 통과되었습니다. 스테이블코인이란 달러현금이나 미국 국채 등 유동성이 높

5 NEWSBTC : XRP At $1,000 Is Peanuts If Used To Clear US National Debt; Pundit Explains(2025. 1.) 이 기사는 XRP 가격이 약 983달러(또는 965.5달러)에 도달할 경우, 리플사가 에스크로(Escrow)에 묶어둔 물량과 유통 물량을 합쳐 미국의 국가부채를 모두 탕감할 수 있다는 계산법을 제시합니다.
– 핵심 논리: "미국 정부가 리플의 에스크로 물량(약 400억 개)을 인수하여 이를 전략적 자산으로 삼고, 가격을 펌핑시키면 부채와 자산의 균형을 맞출 수 있다."라는 커뮤니티의 분석을 다루고 있습니다.
https:www.tradingview.com/news/newsbtc:a2b8b6d44094b:0-xrp-at-1-000-is-peanuts-if-used-to-clear-us-national-debt-pundit-explains/

은 자산으로 전액 담보가 제공되는 디지털 달러입니다. 미국은 스테이블코인을 디지털 시대의 결제통화로 전 세계에 공급함으로써 스테이블코인의 준비금으로 미국 국채수요를 안정적으로 확보하는 전략을 수립했습니다. 2025년 12월 현재 달러 스테이블코인 시장규모는 약 3,100억 달러를 넘어섰는데, 이는 2024년에 비해 2배가량 성장한 수치입니다.[6]

스테이블코인은 달러를 개인 단위까지 거래수단으로 활용하도록 만들 수 있는 강력한 힘을 갖고 있습니다. 특히 개발도상국의 국민들은 자국화폐의 높은 인플레이션 때문에 달러표시 자산을 보유하고자 하는 욕구가 매우 높지요. 특히 구글, 유튜브, 인스타그램, 애플, 아마존, 넷플릭스 등 전 세계적인 디지털 플랫폼을 거의 독점하다시피 한 미국으로서는 플랫폼을 통해 직접 개인들에게 달러 스테이블코인 사용하도록 쉽게 유도할 수 있습니다. 국가가 외환보유고를 달러자산으로 보유하지 않는 선택을 하더라도 개인소비자 단위에서 달러 스테이블코인 사용과 보유량이 폭증하게 된다면 미국은 디지털 시대에도 여전히 달러패권의 위상을 그대로 이어갈 수 있게 되는 것입니다.

정말 말 그대로 지니어스하지 않나요? 이런 신박한 생각을 해내다니, 저는 감탄만 하고 있을 수는 없는 일이었습니다. 뭐야? 그렇다면

6 바이낸스 뉴스(Binance News 2025. 10.) 스테이블코인 시가총액이 3,100억 달러를 처음 넘어섰음을 보도.
https:www.binance.com/en/square/post/10-14-2025-stablecoin-market-cap-reaches-record-high-of-310-billion-30991064215666

우리 XRP는 어쩌고? 미국 국채를 갚기 위해서 XRP를 전략적 자산으로 받아들이고, 가격을 펌핑한다던 그 웅장한 내러티브는 어디로 간 거지? 미국 국채문제를 해결할 크립토의 핵심이 스테이블코인이었단 말이야? 그러면 내 소중한 XRP는 어떻게 되는 거지? 스위프트 시스템을 대체할 것이라던 전 세계 기축통화로서 XRP는 도대체 어떻게 되는 거야? 한마디로 멘붕이 찾아왔습니다. 몇 개월 동안 강력한 내러티브를 믿고 있었던 투자자로서 스테이블코인을 중심으로 펼쳐질 미국의 크립토 전략에서 XRP의 정확한 포지셔닝을 의심해 보지 않을 수 없었습니다.

하지만 스테이블코인은 1달러로 가치가 고정되어 있기 때문에 코인투자자들 에게는 투자가치가 없는 코인에 불과했습니다. 잠깐 다른 코인을 사고, 팔 때 사용하는 거래용 코인으로서 USDT나 USDC가 많이 사용되기는 하지만, 스테이블코인을 장기홀딩의 목적으로 구매하는 투자자는 거의 없었습니다. 따라서 XRP에 집중 투자를 하고 있는 저로서는 당장 이 상황에 어떻게 대처해야 할지 매우 당황스러웠습니다.

XRP 내러티브로부터 탈출하다

XRP는 송금과 환전 서비스에 특화된 금융네트워크 블록체인을 지향하고 있습니다. 그런데 스테이블코인의 출현으로 기존 XRP의 내러티브에 대해 저는 강한 의심을 하지 않을 수가 없었습니다.

USDT나 USDC 등의 달러 스테이블코인을 사용해 보면 다른 사람에게 전송하는 데 걸리는 시간이 XRP에 결코 뒤지지 않습니다. 그뿐만 아니라 전송 수수료도 매우 저렴합니다. 일부 네트워크의 경우에는 전송 수수료가 거의 무료에 가까울 정도로 저렴합니다. 2025년 12월을 기준으로 보면 USDT 같은 스테이블코인을 전송하는 데 선택 가능한 네트워크 블록체인이 10개도 넘습니다. 더 이상 송금 플렛폼으로서 XRP의 기술적 우위가 있다고 보이지 않습니다.

XRP는 은행들이 은행 간 거래에서 각 국가의 통화거래를 지원하는 브릿지 자산으로서 스위프트 시스템을 대체할 거라고 홍보해 왔습니다. 그런데 가격변동이 심한 XRP를 매개로 송금을 진행하게 될 경우, 가격 변동성에 대해서 어떻게 대처해야 하는지에 대한 명확한 답을 구하기 어려웠습니다. 브릿지 자산으로서 은행이 XRP를 보유해야 한다면 이미 너무 가격이 높게 상승한 XRP를 구매하는 데에 막대한 비용이 들어갈 수밖에 없습니다. XRP가 유일한 대안이라면 금융기관이 어쩔 수 없이 그 비용을 부담하겠지만 JP모건이나 시티은행 등도 자체 블록체인 플랫폼을 구축하고 있습니다. 따라서 XRP는 국경 간 송금시장에서 비교할 수 없는 기술적 우위를 선점하고 있는 블록체인이라 보기 어려웠습니다.[7]

7 Webopedia, 6 Major Criticisms of XRP – Some Experts Just Aren't Buying It(2025. 8.) 가격 변동성으로 인해 은행이나 기업이 XRP를 결제 통화로 신뢰하기 어렵게 만든다. 비판론자들은 이러한 변동성이 XRP를 결제 도구가 아닌 투기적 자산으로 인식하게 만든다고 주장한다.
https:www.webopedia.com/crypto/learn/criticisms-xrp/

그뿐만 아니라 달러 스테이블코인이 더욱더 대중화될수록 개발도상국이나 저개발국가 시민들은 달러 스테이블코인을 굳이 자국화폐로 교환해야 할 동기가 사라집니다. 환율변동에 따른 리스크를 헷지하는 자산으로서 달러 스테이블코인의 수요는 더 증가할 수밖에 없기 때문입니다. 또한 향후 구글, 애플, 메타 등 빅테크 기업들이 스테이블코인을 발행할 경우 소비자들은 은행을 경유하지 않고도 얼마든지 송금이나 환전서비스를 이용할 수 있게 됩니다. 따라서 XRP가 스위프트를 대체할 것이라는 서사에 대해서도 확증적인 증거를 발견할 수가 없었습니다.

심지어 리플은 RLUSD라는 자체 스테이블코인을 출시했습니다. XRP로 은행 간의 네트워크를 확장하는 데에 사업역량을 집중해도 모자란 판에, 이미 USDT나 USDC가 선점하고 있는 스테이블코인 시장에 후발주자로 참전한 것입니다. 이러한 사업 다각화 행보가 과연 자신감의 표현인지 아니면 플랜 B에 대한 포석인 지에 대해 의문이 생길 수밖에 없었습니다. 리플사는 XRP 코인의 이름을 기존의 리플에서 XRP로 변경하였습니다. 회사명과 코인명을 명확하게 분리함으로써 XRP가 리플사의 주식이 아닌 디지털 상품이라는 점을 명확히 한 점은 평가할 일이었지만, 리플은 M&A를 통해서 회사의 몸집을 키워가면서 점차 상장을 준비하는 듯한 행보를 보였습니다. 리플이 상장을 하게 될 경우 리플사는 큰돈을 벌 수 있겠지만, XRP는 단지 상품에 지나지 않기 때문에 리플사의 상장으로 인한 직접적인 이익은 거의 없다고 보였습니다. 따라서 저는 채널을 구독하는 구독자분들께

차라리 XRP의 내러티브를 끝까지 포기하기 어렵다면 차라리 XRP가 아닌 리플사의 주식을 보유할 수 있는 일본 SBI홀딩스의 주식을 보유하는 것도 대안이 될 수 있음을 알렸습니다. SBI홀딩스는 리플사의 지분을 약 9% 이상 보유하고 있는 것으로 알려져 있습니다.

영상을 업로드 하고 수많은 리플 홀더들로부터 악플이 쏟아졌습니다. "제대로 알지도 못하면서 떠들고 있다." "어디 감히 코린이 주제에…." "XRP에 대해서 공부는 하고 떠드는 거냐?" 등등 비하발언이 주를 이뤘습니다. 하지만 일부 시청자들은 "덕분에 XRP에 대해 다시 한번 생각해 볼 수 있었다." "XRP가 계속 횡보하는 이유를 이제 알 것 같다." "좋은 정보를 줘서 감사하다." 등의 격려 댓글도 달렸습니다. 예전처럼 XRP 찬양 유튜브 채널에만 머물러 있었다면, 저 역시 매우 불편하고 당황스러운 영상으로 느꼈을지 모릅니다. 하지만 저는 스스로 과거의 생각을 객관화시키고, 비판적인 요소를 찾아서 치열하게 부정해 보는 사고 실험을 통해서 지독했던 XRP의 내러티브에서 탈출해서 모든 XRP 코인을 매각할 수 있었습니다. 그 후로는 아무리 XRP 가격이 떨어져도 매수버튼을 누르고 싶은 욕망이 1도 없어졌습니다.

스테이블코인 시대를 선도할 블록체인은 뭘까?

2025년 7월 이른바 크립토 3법이라 불리는 지니어스 법, 클래러티 법, CBDC 금지법이 미국 하원을 통과하였습니다. 미국은 스테이블코인으로 크립토를 제도권 안으로 편입시킴과 동시에 클래러티 법을 통해 가상자산 시장의 구조를 명확하게 정의하고, SEC(미국증권거래위원회)와 CFTC(미국 상품거래위원회)의 관할권도 명확하게 했습니다. 그뿐만 아니라 연방준비제도의 CBDC를 법적으로 금지함으로써 개인의 자유와 프라이버시를 존중하는 헌법적 가치를 디지털 화폐시대에도 이어가겠다는 의지를 굳건하게 드러냈습니다.

그런데 스테이블코인 발행의 기반이 되는 블록체인은 50% 이상이 이더리움이었습니다. 놀랍게도 트럼프의 아들인 에릭트럼프는 2025년 2월 4일 직접 X를 통해서 이렇게 트윗을 날렸습니다. “내 생각에 지금이 이더리움을 사기에 가장 좋은 시기다.” 물론 2025년 2월은 결코 이더리움 가격이 최저점이 아니었던 시기였습니다. (이더리움의 최저점은 4월 7일 상호관세 폭락시점이었음.) 계속 가격이 추락해 가는 것을 지켜보면서 사람들은 에릭 트럼프를 조롱하기 시작했습니다. 어떻게 대통령 아들이란 자가 저렇게 정보력이 떨어져서야….

크립토 투자에 진심이었던 트럼프 일가는 World Liberty Financial을 통해서 이더리움을 매집했습니다. 포트폴리오 중에서 가장 많은 비중을 차지하는 크립토 자산은 바로 이더리움이었습니다. 심지어 7월 17일 크립토 3법이 통과한 직후에 그들은 5백만 달러 상당의 이더리움을 추가로 구매했습니다. 클래러티 법안에 의하면 스테이블코인은 반드시 성숙한 탈중앙화 블록체인 기반에서 발행되어야만 한다고 명시되어 있습니다. 이 조건에 완벽하게 부합하면서, 안정성과 보안성을 담보할 수 있는 최고의 블록체인이 바로 이더리움이었습니다. 솔라나, 라이트코인, 카르다노, 아발란체 등의 경쟁 블록체인

이 있지만, 이더리움의 네트워크 확장성과 범용성에 대적하기는 어려워 보였습니다.[8]

크립토 3법이 통과되자마자 시장은 빠르게 이더리움에 대한 재평가를 하기 시작했습니다. 오, 저런! 트럼프 정부의 크립토 핵심이 결국 이더리움이었어? 그걸 트럼프의 아들은 이미 알고 있었고? '탐욕의 평범성!' 이제 뭐 새롭지도 않네~ 빨리 나도 이 흐름에 올라타야겠는걸? 저는 그렇게 XRP를 전량 매각한 후에 이더리움을 매집하기 시작했습니다.

피터 틸과 《제로 투 원》

아담 스미스는 '보이지 않는 손'을 강조했지만, 저는 국가 정책이나 전략 수립에는 반드시 '보이는 손'이 있다는 생각을 합니다. 1946년생으로 80에 가까운 나이인 트럼프의 머리에서 크립토 전략이 나올 리는 없었습니다. 과연 '스테이블코인을 기반으로 한 지니어스 법안은

8 McMillan LLP(2025. 7.) Overview and Analysis of the CLARITY Act CLARITY 법안은 자산 토큰화 및 스테이블코인 발행을 위해 소스 코드 공개, 거버넌스 투명성, 그리고 무엇보다 '성숙한(Mature)' 블록체인 시스템과의 연계를 필수 요건으로 규정합니다. 보고서는 비트코인과 더불어 이더리움이 규제 당국에 의해 가장 충분히 탈중앙화되고 성숙한 시스템으로 간주되는 대표적 사례임을 명시하고 있습니다.
https:mcmillan.ca/insights/publications/overview-and-analysis-of-the-clarity-act/

누구의 아이디어로부터 도출되었을까?' '트럼프 정부의 설계자는 누구일까?'에 대해서 계속 의문을 품고 있었습니다. 그러면서 취임 초기에 도지에서 일했던 머스크와, 부통령으로 지명된 J.D. 밴스와, 암호화폐 차르인 데이비드 색스, 스콧 베센트 재무장관, 켄 하워리 상무부장관 등이 모두 한 인물과 연결되고 있다는 사실을 알게 되었습니다.

그는 바로 페이팔 마피아의 빅보스이자 팔란티어를 창업한 피터 틸이었습니다. 트럼프 정부의 핵심 인물들이 전부 피터 틸과의 강력한 인맥관계를 형성하고 있었습니다. 먼저 밴스 부통령은 2017년 틸의 벤처 캐피털 회사 미트릴 캐피털(Mithril Capital)에서 일했습니다. 이후 틸의 지원으로 나랴 캐피털(Narya Capital)을 공동 설립하였고, 2022년 오하이오 상원 선거에서 틸이 1,500만 달러를 후원하며 밴스의 승리를 도왔습니다. 일론 머스크는 피터 틸이 설립한 Confinity의 경쟁사인 X.com의 CEO였지만, 둘은 합병하여 Paypal로 사명을 변경하였고, 성공적으로 엑시트한 전략적 동반자 관계였습니다. 피터 틸은 스페이스X의 초기투자자 이기도 합니다. 또한 암호화폐와 AI 차르인 데이비드 색스는 페이팔에서 함께 일한 후, 색스는 야머(Yammer)를 창업하고 마이크로소프트에 매각하였으며, 틸과 함께 크래프트 벤처스(Craft Ventures)를 운영하기도 했습니다. 스콧 베센트 장관은 틸의 Founders Fund와 연결된 투자자였습니다. 켄 하워리 상무부장관은 페이팔 공동 창업자로, 틸의 오랜 친구였습니다. 이쯤 되면 트럼프 경제정책의 모든 아이디어는 피터 틸로부터 나왔다고 해도 과언이 아니지 않을까요?

피터 틸의 존재를 알고 나니 그의 생각과 전략적 사고가 더욱 궁금해졌습니다. 피터 틸이 대학에서 강연한 내용을 기반으로 정리한 책, 《제로 투 원》을 꼼꼼하게 정독하였습니다. 《제로 투 원》을 읽고 나니, 그가 생각하는 기술독 점에 의한 미국의 패권 전략이 무엇일지가 머릿속에 선명하게 그려졌습니다. 월스트리트의 자본가들은 세계화 전략으로 더 값싼 인건비를 찾아서 공장을 옮겼습니다. 세계의 공장이었던 미국은 점차 쇠퇴해 갔고, 세계화의 수혜를 본 월스트리트의 자본가들은 큰 부를 이루었지만, 미국 중산층은 양질의 일자리를 잃은 채 양극화된 사회에서 저소득층으로 전락하고 말았습니다. 피터 틸은 이러한 경제구조는 1→N으로 무한 복제하는 경제시스템으로서 진보된 미래를 만들 수 없다고 비판했습니다. 그는 0에서 1을 만드는 것이 진짜 진보된 미래를 만든다고 역설하면서, 기술을 기반으로 한 수직적 진보를 강조했습니다. 피터 틸은 단순히 이론적으로 자신의 주장을 펼치는 학자가 아니었습니다. 그는 직접 자본을 조달해서 미국의 수직적 진보를 선도할 기업을 찾아 공격적으로 투자를 이어왔습니다. 그가 설립한 파운더즈펀드의 포트폴리오를 보면 정말 입이 딱 벌어질 정도입니다.

그리고 놀랍게도 스테이블코인 기반의 크립토 전략에서 그 베이스 역할을 하는 이더리움 블록체인도 피터 틸이 깊이 연관되어 있다는 것을 알게 되었습니다. 이더리움을 개발한 천재 개발자 비탈릭 부테린이 피터 틸이 운영하는 틸 재단의 장학금을 받아가면서 이더리움을 개발했다는 사실이었습니다. 피터 틸은 《제로 투 원》에서 이렇게 기술하고 있습니다.

"페이팔의 계획은 적당히 원대한 편이었다. (중략) 우리는 미국 달러화를 대체할 새로운 인터넷 화폐를 만들고 싶었다."

그는 페이팔에서 마저 이루지 못했던 원대한 계획을 결코 포기하지 않았다는 생각이 들었습니다. 그리고 그는 자신의 꿈을 대신 이루어 줄 천재 개발자 비탈릭 부테린을 통해서 이더리움이라는 가장 안정적이고 보안에 충실한 퍼블릭 블록체인을 세상에 내놓게 된 것입니다.

이더리움 전략적 비축회사 비트마인

피터 틸은 단지 프로젝트 설계자가 아니었습니다. 그는 직접 BMNR이라는 회사에 투자하여 이더리움을 전략적으로 매집하는 독점 전략의 사령관으로 참전했습니다. 그가 운영하는 Founders Fund는 2025년 7월 약 2억 달러의 자금으로 비트마인 이머션 테크놀로지(티커명: BMNR)의 9.1% 지분을 인수했습니다. 비트마인은 비트코인 채굴회사였는데, 이더리움을 매집하는 트레저리 기업으로 피벗했습니다. 그러면서 월스트리트의 인싸인 톰 리(Tom lee)를 영입하여 이사회 의장을 맡겼습니다. BMNR은 이더리움 전체 발행량의 5%를 매집하고 장기 보유하겠다고 선언했습니다. 투자 소식이 알려지자 주가는 3,000%가 넘는 폭등을 기록하기도 했습니다.

그게 다가 아니었습니다. 바로 다음 달에 피터틸은 180 Life Sciences라는 회사의 지분 7.5%를 인수하면서 또 다른 이더리움 매집회사를 출범시켰습니다. 그리고 회사명을 이더질라(ETHZilla)로 변경하였습니다. 투자 소식 후 주가는 또 300%가량 폭등을 했습니다. 이보다 앞서 이더리움 공동 창립자였던 조셉 루빈(Joseph Lubin)은 샤프링크라는 회사를 통해 이더리움을 전략적으로 매집하겠다고 선언했습니다. 시장에는 갑자기 이더리움 매집 광풍이 몰아쳤습니다.

저 역시 피터 틸의 인사이트와 화려한 투자 경력에 대한 공부가 되어 있었기 때문에 곧바로 그 광기에 올라타지 않을 수 없었습니다. 포트폴리오의 거의 70% 이상을 모두 비트마인 주식에 투자하였습니다. 스테이블코인을 통해 크립토 전성시대가 오게 된다면 이더리움이야말로 그 운영체제로서 가장 확실한 투자자산이라고 판단했기 때문입니다. 비트마인은 이더리움의 가치상승에 더해 마이크로스트래티지(MSTR)와 같은 프리미엄 가치가 더해질 것이므로 알파의 수익도 기대할 수 있다고 생각했습니다. 그뿐만 아니라 월스트리트의 유명 인사인 톰 리가 의장을 맡은 만큼 이더리움 매집을 위한 자금조달도 경쟁사에 비해 아주 원활하게 진행될 것이라는 믿음이 있었습니다.

이더리움과 피터 틸의 관계, 이더리움의 가치 상승 원인, 이더리움의 본질, 비트마인에 투자해야 할 이유, 비트마인이 샤프링크보다 더 유망한 이유, 비트마인이 이더리움의 중앙은행이 될 것이라는 등의 다양한 분석들을 담은 영상을 업로드하였고, 유튜브 시청자들의 반응은 뜨거웠습니다. 그뿐만 아니라 아크인베스트먼트의 캐시우드가 비트마인 투자에 참전을 했고, 스노우폭스 그룹의 김승호 회장도 비트마인에 투자했다는 소식이 알려지면서 국내에서 많은 서학개미들이 비트마인 투자로 몰려들었습니다. 그 결과 2025년 12월 15일 현재 국내 투자자들이 가장 많이 매수한 미국 주식으로, 알파벳에 이어 비트마인(13억 2,800만 달러)이 2위에 랭크되었습니다.

이더리움과 사랑에 빠진 자

이더리움과 비트마인에 대한 투자판단은 매우 성공적이었습니다. 투자한 지 1달도 안 돼서 50% 이상의 수익률을 기록했습니다. 2024년 말에 경험했던 돈 복사의 느낌을 다시 경험하게 되었습니다. 이더리움과 비트마인에 대한 관심이 높아지면서 유튜브 채널의 구독자 수와 조회수도 빠르게 증가하였습니다. 한마디로 신이 났습니다. 1국민 1이더리움을 갖는 캠페인을 하자면서 개그와 노래까지 불러대며 흥에 취하기 시작했습니다. 공포에 사고 환희에 팔라는 격언이 귀에 들어올 리가 없었습니다.

7월 중순 비트마인에 투자한 이후로 50% 정도의 수익으로 익절할 수 있는 기회가 3번이나 주어졌지만 저는 조금도 익절하지 못했습니다. 공부를 더 할수록 이더리움의 미래가치는 확실해 보였고, 시장가격과 상관없이 비트마인의 이더리움 매집 전략은 착착 진행되고 있었기 때문입니다. 2025년 11월까지 비트마인이 매집한 이더리움은 이미 300만 개를 넘어서게 되었습니다. 벌써 목표 매집량의 절반 매집에 성공한 것입니다. 따라서 지금 정도의 흔들림을 극복하지 못하면 결코 큰 수익을 얻을 수 없다는 생각으로 가격변동에 일희일비하지 않게 되었습니다.

AI와 깊은 토론 과정을 거치면서 알게 된 이더리움의 가치는 매우 환상적이었습니다. 이더리움은 단순히 가격이 오르도록 설계된 블록체인이 아니었습니다. 스마트 컨트랙트의 대장으로서 다양한 Layer2 코인들이 이더리움 기반에서 운영되는 구조였습니다. 이더리움은 비트코인처럼 채굴에 필요한 전기를 많이 소모하지도 않았으며, 자신이 보유한 이더리움을 자격검증에 사용하도록 이더리움 네트워크에 스테이킹하면 이자를 매일 지급해 주는 놀라운 보상시스템까지 갖추고 있었습니다. 이뿐만 아니라 트래픽이 증가하여 거래 수수료로 사용되는 이더리움을 소각하는 구조로 설계가 되어 있기 때문에, 점차 발행량보다 소각량이 많아지는 디플레이션 자산이 되도록 설계가 되어 있었습니다. 이른바 울트라 사운드 머니로서 이더리움의 가치 희소성은 시간이 흐를수록 상승할 수밖에 없어 보였습니다. 2025년 현재도 이더리움의 인플레이션률은 1%가 넘지 않는 것으로 나타나고 있습니다.

이더리움은 마치 부동산처럼 실질적인 사용가치가 있으면서도, 임대료처럼 이자를 지급받을 수 있으며, 시간이 갈수록 자산가치마저 상승하는 너무나 완벽한 자산으로 생각됐습니다. '와~ 진짜 아름답다! 어떻게 이런 생각을 해냈지?'라는 생각이 들었습니다. 그렇다면 각 국가의 연기금이나 공적기금들이 인플레이션 화폐인 달러 기반 국채를 사기보다는 이더리움을 사서 스테이킹을 하게 된다면 너무 괜찮은 투자 전략이 될 수밖에 없지 않을까? 연금생활자들은 자산가치 상승도 중요하지만 당장 생활에 필요한 이자수익까지 얻을 수 있다면 너무 환호하지 않을까? 하는 생각으로 이어지게 되었습니다. 그런데 소름 돋게도 트럼프 대통령은 8월 7일 미국 퇴직연금 401K의 암호화폐 투자를 제한하는 규정을 풀어버리도록 대체자산 접근성을 완화하는 내용의 행정명령에 서명했습니다. 이 계좌로는 원래 주식이나 채권 같은 전통자산에 주로 투자하도록 규정하고 있었는데, 트럼프 행정부가 빗장을 걷어내 버린 것입니다. 노동부는 6개월 내로 구체적인 지침을 준비해서 발표하도록 지시가 내려졌습니다. 이더리움의 상승 시나리오는 너무나 완벽하게 연극 각본처럼 준비되고 있었습니다.

그래도 약점을 찾아보자. 부정~ 부정~ 부정~

저는 데카르트의 방법적 회의라는 개념을 무척 좋아합니다. 아무리 확실해 보이는 자산이라 하더라도 또 다시 리플 XRP와 같은 내러티브 중독에 빠질 수 있으므로, 스스로 의심해 볼 수 있는 여지를 찾아서 부정해 보는 사고실험을 계속해서 진행하게 되었습니다. 물론 AI의 도움이 무척 컸습니다. 저는 항상 AI와 토론을 할 때 반대의견에 대해 묻습니다. 그리고 반대의견의 논리를 점검해 보고, 다시 그 논리의 참 거짓을 분별하기 위해서 근거자료와 세부논리를 요구합니다. 그래서 AI와의 토론이 무척 재미있습니다. 아마 소크라테스가 요즘 시대에 살았다면 AI와 대화를 나누느라 밖에 나가서 젊은이들을 타락시킬 겨를도 없었을 것 같습니다. (소크라테스는 끊임없는 질문과 비판으로 젊은이들을 타락시킨다는 혐의와 신성모독으로 유죄판결을 받았습니다.)

미국이 스테이블코인을 활성화해서 디지털 화폐의 패권과 미국국채 문제를 동시에 해결하는 데 있어서 이더리움은 밑바탕이 되는 기술임에 틀림이 없었습니다. 하지만 조사를 해보니 스테이블코인 발행이 이더리움 기반으로 발행된다는 의미는 단순히 이더리움의 프로그래밍 환경(EVM)을 이용한다는 의미이지, 스테이블코인 발행사가 코인의 가치 보전을 위해 이더리움을 보유한다는 것을 의미하지 않는 것이었습니다. 다시 말해 스테이블코인의 발행량이 급증하더라도 이더리움의 수요가 폭발적으로 증가하지 않는다는 것입니다. 그뿐만 아니라 스테이블코인의 거래도 가스비가 비싼 이더리움을 거치기보다는 이더리움 기반은 레이어2 블록체인에서 거래가 되기 때문에, 거래량이 폭증한다고 하여 당장 이더리움의 수수료 수익이 폭발적으로 이어지는 것은 아니었습니다. 이더리움의 수수료 수익이 증가하지 않는다면, 수수료 소각량이 스테이킹 보상으로 주어지는 발행량보다 많아지는 울트라사운드머니의 실현 가능성이 높아 보이지 않았습니다.

이더리움은 가장 안정적인 블록체인 생태계로 인정받고 있지만, 막상 수수료 수익을 폭발시킬 수 있는 킬러앱이 등장하지 않는다면 희소가치를 지닌 자산으로서는 한계가 드러날 것으로 판단되었습니다. 예전 인터넷 초창기의 리눅스가 떠올랐습니다. 리눅스처럼 이더리움은 크립토 세상의 베이스 운영체제로 자리 잡을 가능성은 매우 높아 보였습니다. 문제는 거기까지 도달하는 데에 걸리는 시간입니다. 언젠가는 밝은 미래가 오긴 하겠지만, 그 시기와 발화 지점이 궁금했습니다. 이더리움 투자자로서 제가 기대하는 것은 언젠가는 성공할 이더리움의 발전 가능성이 아니라, 구글, 테슬라, 팔란티어와 같은 유망한 빅테크 기업보다 높은 투자수익률이기 때문입니다.

막대한 안전마진을 회수한 피터 틸

2025년 11월, 피터 틸이 이끄는 파운더즈 펀드가 비트마인의 보유 지분 절반가량을 매각했다는 소식이 떴습니다. 파운더즈 펀드는 7월 15일과 9월 30일 사이에 보유 지분의 절반가량을 매도한 것이 SEC 공식 문서를 통해 확인되었습니다. 그들은 주당 4.5$에 투자를 했으므로, 정확한 매도가격은 알 수 없지만 BMNR의 주가를 봤을 때 최소 10~20배 수익을 올렸을 것으로 예상이 됩니다. 이 뉴스는 많은 BMNR 투자자들의 마음을 흔들어 놓았습니다. 투자기관의 특성상 투자자금과 안전마진을 회수한다고 볼 수는 있지만, 파운더즈 펀드가 그동안 보였던 투자의 원칙들과는 분명히 거리가 멀었기 때문입니다. 피터 틸에 대한 배신감도 들었고, 뭐야 이거 작전세력이야? 톰 리와 캐시 우드 등을 앞세워서 열심히 가격 펌핑을 하고, 심지어 이더질라라는 또 다른 매집회사까지 경쟁을 시키더니 결국 3개월도 보유하지 않고 절반을 덜어냈다고?

심지어 BMNR은 경영진과 일부 이사진도 교체를 했습니다. 저는 이 소식을 악재로 생각하지는 않았습니다. 전 CEO인 조너선 베이트(Jonathan Bates)가 사임을 하고 신임 CEO로 치 창(Chi Tsang)이라는 중국계 인물을 영입하였습니다. 그는 홍콩 HSBC에서 10년을

근무했으며, 벤처펀드 M1720 설립자 출신으로 전통금융과 크립토 생태계를 연결하는 데 아주 적합한 커리어를 가진 자라고 판단했습니다. 이사회에 새롭게 영입된 3명의 이사들도 캐피털 전문가, Defi 및 법률 전문가 출신으로서 BMNR이 크립토 기반의 금융회사로 탈바꿈하는 데에 꼭 필요한 인재들이라고 생각했습니다.

그럼에도 불구하고 시간이 갈수록 '피터 틸이 이렇게 전도 유망한 주식을 빨리 절반이나 매도하다니!'라는 생각이 머릿속에서 떠나지 않았습니다. 뒷맛이 개운하지 않았습니다. 지금까지 《제로 투 원》에서 강조했던 파운더즈 펀드의 투자원칙과 이번 BMNR의 투자과정은 너무나 큰 거리감이 느껴졌었습니다. 그들은 항상 기술기반의 테크기업에 투자를 하면서, 장기적인 목표를 가지고 투자해 왔습니다. 또한 비슷한 비즈니스 모델에는 중복 투자하지 않는 것으로도 유명했습니다. 아주 독창적이면서 독점적이지 않으면 투자하지 않는다는 원칙으로도 유명했습니다. 하지만 BMNR의 경우에는 이러한 원칙과는 분명 다른 요소들이 있었습니다. 우선 BMNR은 독창적이며, 독점적인 기술을 보유한 테크기업이 아니었습니다. 그들의 이더리움 매집 전략은 스트레티지(MSTR)라는 비트코인 매집회사의 크립토 매집 전략을 따라 했을 뿐이라는 비판이 많았습니다. 그뿐만 아니라 이더질라라는 똑같은 구조의 이더리움 매집회사에 중복투자를 결행했습니다. 그리고 시장에서 아직 독점적인 영향력과 성공적인 결과를 만들어낸 상태도 아님에도 불구하고, 아주 단기간에 10배 이상의 투자수익을 거두어 황급하게 절반의 짐을 싸서 철수했습니다.

우연일까? 아니면 필연일까? 파운더즈 펀드가 50% 지분을 매각한 이후로 이더리움과 비트마인 가격은 12월까지 계속해서 하락을 이어갔습니다. 심지어 10월 10일에는 크립토 역사상 대참사로 기억될 만한 대규모의 청산이 있었습니다. 24시간 이내에 약 190억 달러 이상의 레버리지 포지션이 강제 청산되었다고 알려졌습니다. 특정 거래소가 대규모 해킹을 당한 것도 아니었고, 미국과 중국의 무력충돌이 있었던 것도 아니었습니다. 단지 직접적인 촉발요인으로 지목된 것은 트럼프 대통령이 중국산 수입품에 100% 추가관세를 부과하겠다고 발표한 뉴스였습니다. 더욱이 미중 관세이슈는 지난 4월부터 항상 존재해 왔던 리스크에 불과했습니다. 그런데 단지 트럼프 대통령의 말 한마디 때문에 주말 유동성이 가장 부족한 타이밍에 크립토 레버리지 투자자들은 지옥을 맛보아야 했습니다. 이 사건 역시 매우 뒷맛이 좋지가 않았습니다. 트럼프가 Truth Social 포스트에 이 발표를 게시한 시간은 미국 증권시장이 문을 닫은 지 불과 50분이 지난 시점이었기 때문입니다. 이 때문에 미국 증권시장은 크게 영향을 받지 않았지만, 이 발언의 파장은 온전히 크립토 시장에 거대한 쓰나미로 다가왔습니다. 만약에 혹시라도 누군가 이 게시물은 단 1분만 먼저 알았다면 어떻게 되었을까요? 그는 당장 롱레버리지를 숏레버리지로 전환해서 천문학적인 수익을 벌어갔을 것입니다.

결과적으로 피터 틸의 50% 익절 판단은 매우 시의적절했으며, 탁월한 투자의 신급 결정으로 증명되었습니다. 그와 연결되어 있는 트럼프 정부의 고위공직자들은 절대로 사적인 친분관계로 인해 어떠한 공적인 정보도 제공해 주지는 않았을 테니까요.

되돌아온 현실주의자

이 사건을 계기로 저는 이더리움과 비트마인에 대한 저의 과도한 집착과 애정에 대해서 크게 반성을 하게 되었습니다. 피터 틸에 대한 것도 마찬가지였습니다. 사실 저는 피터 틸의 《제로 투 원》이라는 책을 너무나 감명 깊게 읽었기 때문에, 사비를 들여서 책 100권과 무료 음료를 구독자분들께 나눠드리는 이벤트를 열기도 했었습니다.

그래서인지 깊은 배신감이 밀려왔습니다. 본인이 이야기한 투자원칙을 제대로 지키지도 않았으며, 대중들의 집단적 포모를 이용해서 단타매매로 막대한 수익을 올렸습니다. 결국 저를 포함하여 BMNR과 이더리움에 투자했던 수많은 개미들의 계좌가 마이너스로 돌아서게 되었습니다. 저는 제 콘텐츠를 구독하고 있는 많은 구독자들에게도 미안한 마음이 들었습니다.

그러자 정신이 바짝 들었습니다. XRP의 내러티브에 중독되어 있던 순간이 떠올랐습니다. 이번 가격하락은 지금까지 겪어봤던 크립토 시장의 가격하락과는 뭔가 근본적으로 다르다는 느낌이 들었습니다. 2024년 11월 투자를 시작한 이후로 거의 1년 만에 비트코인의 가격은 제자리로 돌아왔습니다. 수많은 코인 전문가들이 25년 말에 20만 달러, 적어도 14~15만 달러에 도달할 것이라는 전망치를 내놓았지만 그들의 예상은 보기 좋게 빗나갔습니다. (이 글을 쓰고 있는 12월 중순까지는 그렇습니다.) 또한 이더리움 가격이 1~2만 달러까지 충분히 상승 가능할 것이라는 낙관주의자 톰 리 의장의 전망도[9] 점차 실현 가능성이 낮아지고 있습니다. 원인이 무엇일까? 도대체 뭐가 문제지?

2024년 1월 10일 비트코인 현물 ETF가 승인된 이후로 크립토 시장에는 기존 주식투자자들의 자금이 대거 유입되기 시작했습니다. 또한 마이크로 스트레티지를 필두로 비트마인, 샤프링크 등 다양한 가상자산 매집회사들이 등장하면서 암호화폐를 직접 보유하기 어려운 법인이나 기관들도 손쉽게 가상자산에 투자할 수 있는 길이 열렸습니다. 이러한 유동성 증가는 코인 시장의 가격을 견인하는 데에 긍정적인 영향을 끼쳤다고 평가할 수 있습니다. 하지만 그 반작용으로 코인의 가격흐름은 더 이상 미국 주식 시장의 가격과 개별적으로 움직이는 자산시장이 아닌, 나스닥 시장과 커플링된 특성이 나타나기 시작했습니다. 또한 제가 경험해 본 몇몇 주식투자자들은 코인도 하나의 상품으로서 트레이딩의 대상으로 바라볼 뿐, 특별한 미래가치를 지닌 무엇으로 평가하지 않았습니다. 그들은 코인 시장의 이른바 비트맥시, 이더맥시, 리플맥시들처럼 열광적인 지지자들이 아니었습니다. 중간에 수익구간에 올라오면 익절을 하고, 가격이 내려가면 다시 포지셔

9 CNBC Television 2025. 8. 7./YouTube Channel: Ethereum is having its bitcoin 2017 moment again, says Fundstrat's Tom Lee 과거 2021년의 이더리움 대비 비트코인 가격 비율(0.14)을 회복할 것이라고 예상했습니다. 목표가: 비트코인 가격과 비교했을 때, 이더리움은 현재 심하게 저평가되어 있으며 16,000달러까지 상승하는 것이 합리적인 수치라고 밝혔습니다. https:www.youtube.com/watch?v=2Rrrg6yeyL0&t=64s

닝을 잡는 기계적이고 수학적인 투자전문가들의 영향력이 그만큼 확대되었다고 볼 수밖에 없었습니다. 크립토는 더 이상 탈중앙화 화폐로서 전통금융의 통제를 벗어난 자유로운 생태계가 아니라는 강한 느낌이 들었습니다. 이제 많은 코인투자자들이 미국의 실업률지표, 생산자물가지표, 소비자물가지표, FOMC 회의 내용 등 주식투자와 관련된 경제지표까지 공부하지 않으면 안 되는 상황이 되었습니다.

따라서 투자시장에서 생존을 위해서는 이더리움과 비트마인에 대한 과도한 집착을 버리고, 투자 포트폴리오를 이대로 유지할 것인지에 관해서 원점에서 다시 점검해 보아야 할 필요가 있다고 생각했습니다.

이더리움은 과연 독점적인 자산인가?

이더리움을 매집하고 있는 BMNR은 확실히 그 어떤 가상자산 매집회사보다 독점적인 지위를 갖고 있다고 평가할 수 있습니다. 이미 12월 중순 현재 약 400만 개의 이더리움을 매집함으로써 전체 공급량의 3%에 육박할 정도로 압도적인 매집 속도를 보이고 있기 때문입니다. 그런데 문제는 '이더리움의 가치가 다른 암호화폐에 비해서 월등히 우수하고 독점적인 자산인가?'라는 이더리움의 펀더멘털에 있습니다.

이더리움은 2022년 더 머지(The Merge) 업그레이드를 통해서 합의 메커니즘을 작업 증명(PoW) 방식에서 지분 증명(PoS) 방식으로 변경하였습니다. 쉽게 이해하자면 비트코인처럼 고효율의 GPU를 동원하여 검증작업에 성공한 참여자에게만 보상을 제공해 주는 방식이 아니라, 저효율의 컴퓨터로도 이더리움 네트워크에 참여하면 지분을 균등하게 나눠주는 방식으로 전환한 것입니다. (작업 증명은 확률적 보상 방식이며 검증에 성공하려면 남보다 더 성능이 좋은 GPU로 채굴 확률을 높여야 하지만, 이더리움은 최소 기준만 맞추면 공평하게 성과를 나눠주는 시스템으로 이해하면 되겠습니다.) 그래서 이더리움에서는 채굴이라는 용어 대신에 스테이킹이라는 단어를 사용하게 되었습니다. 이더리움 네트워크에 내 이더리움을 맡겨두면, 이더리움이 거래를 검증하는 원장으로 사용되면서 사용에 대한 대가로 이자를 이더리움으로 받게 되는 구조로 바뀌게 된 것입니다. 현재 이더리움 스테이킹에 대한 보상률은 대략 2.5~3% 내외입니다. 그리고 전체 이더리움 발행량 1억 2천만여 개 중에서 스테이킹에 참여하고 있는 비율이 약 30% 전후로 알려져 있으므로 총 발행량에서 약 1% 정도의 신규 이더리움이 발행되는 것으로 이해하면 됩니다. 여기에서 거래 수수료로 사용되는 가스비는 이더리움 소각에 사용하게 됩니다. 따라서 실제 이더리움의 인플레이션 비율은 현재 0.1% 내외로 알려져 있습니다.

하지만 아직도 일반인들은 이더리움은 비트코인처럼 발행량이 제한되어 있는 자산으로 이해하고 있지 않습니다. 심지어 이더리움 네트워크를 만든 비탈릭 부테린이 마음만 먹으면 얼마든지 새로운 이더리움을 더 찍어낼 수 있는 것 아니냐? 하고 생각하는 분들도 계십니다. 즉, 이더리움이 더 머지 업그레이드를 통해서 희소성 있는 자산으로 돌아간다고 선언을 하더라도, 이더리움이 비트코인이 쌓아올린 디지털 금이라는 내러티브를 극복하기는 쉽지 않아 보입니다. 희소성이라는 관점에서 이더리움은 상당한 기간 동안 어쩌면 영원히 비트코인의 아성을 넘지 못하고 2위에 자리할 가능성이 높아 보입니다.

또한 이더리움의 기술적 유용성은 경쟁자들로부터 끊임없이 추격을 받고 있는 상황입니다. 대표적으로 솔라나가 있습니다. 솔라나는 기술적으로 이더리움에 비해 훨씬 더 빠른 속도를 자랑하며, 여러 스마트 컨트랙트를 동시에 병렬적으로 처리할 수 있는 것으로 알려져 있습니다. 또한 거래비용도 매우 낮아서 이더리움처럼 복잡한 레이어2의 어플리케이션을 거치지 않더라도 즉시 저비용으로 솔라나에서 거래를 처리할 수 있습니다. 따라서 밈코인과 같이 저렴한 자산들이 대부분 솔라나 기반에서 출시가 되었습니다. 또한 솔라나의 스테이킹 보상률은 약 6% 전후로 이더리움에 비해 2배 가까이 됩니다. 솔라나의 네트워크가 이더리움보다 적고 과거에 네트워크가 과부하로 한 번 중단되었다는 단점이 있지만 솔라나의 기술적 경쟁력과 비즈니스 로직은 이더리움에게 분명히 위협적입니다.

이뿐만 아닙니다. SUI, BNB Chain, Avalanche, Ton 등 새로운 기술로 무장한 L1(layer1) 블록체인들이 계속해서 이더리움의 아성에 도전장을 내밀고 있습니다. 앞으로 블록체인 시장에 참전하게 될 빅테크 기업들도 잠재적 경쟁자입니다. 애플이나 구글과 같은 기업이 어떤 블록체인과 손을 잡느냐에 따라서 얼마든지 시장상황은 유동적으로 바뀔 수 있습니다. 빅테크들은 강력한 유저 기반 인터페이스를 독점하고 있기 때문입니다. 만약 애플이 "우리는 SUI를 기반으로 모든 애플페이 거래를 진행할 거야!"라고 발표하게 된다면 시장은 큰 지각변동이 일어나게 될 것입니다.[10] 즉 크립토 시장에서 이더리움의 네트워크 경쟁력은 지금까지는 분명히 독보적이었지만, 전통금융과 빅테크가 본격적으로 참전하게 될 세상에서도 과연 독보적인 지위를 유지할 수 있을지에 대해서 냉정하게 생각해 봐야 합니다.

이더리움의 가치 폭발은 어디서 가능할까?

이더리움은 고빈도&저비용 거래에는 경쟁력이 떨어집니다. 즉 스테이블코인을 활용한 송금, 결제 처리는 이더리움보다 더 빠르고 비용이 저렴한 블록체인이나 이더리움 네트워크의 L2에서 일어날 가능성이 매우 높습니다. 크립토 금융에서 저비용 거래라는 것은 단지 거래금액이 낮다는 것을 의미하지는 않습니다. 인터넷 뱅킹이 발달하기 전까지 은행의 송금수수료는 송금하고자 하는 금액에 비례해서 커졌

10 Crypto Economy: "Sui Price Prediction: Apple Pay Integration Analysis"(2025. 9.) 최근 Digitap 등의 결제 플랫폼이 수이 기반의 마스터카드를 출시하고 이를 Apple Wallet에 등록(Tap to Pay) 가능하게 한 점을 보도했습니다. 기사는 "직접적인 파트너십이 아니더라도, 수이 생태계가 애플 페이 결제망에 스며들기 시작했다."라고 평가하며, 이것이 공식화될 경우 시장에 100배 이상의 랠리(100x Rally)를 불러올 수 있는 잠재력이 있다고 언급했습니다.
https:crypto-economy.com/sui-price-prediction-analysts-see-10-as-digitap-apple-pay-integration-could-spark-a-100x-rally/

습니다. 하지만 인터넷 뱅킹 이후로는 그렇지가 않듯이, 블록체인에서 거래는 거래금액보다는 거래의 복잡성, 즉 거래의 데이터량에 따라 달라지게 됩니다. 예컨대 'A가 B에게 1USDT를 전송했다'와 'A가 B에게 1,000,000 USDT를 전송했다'는 문장은 금액의 차이는 클지언정, 거래 데이터 차이에는 큰 차이가 없습니다. 따라서 단순한 거래내용을 처리하는 개인 간의 거래나 스테이블코인 거래는 최대한 수수료가 저렴한 블록체인에서 처리될 가능성이 매우 높습니다.

그렇다면 어떤 거래들이 이더리움의 L1 블록체인 위에서 고비용의 수수료를 아깝지 않게 지불하면서 돌아가게 될까요? 그것은 바로 RWA(Real World Asset), 실물자산 토큰화로 부동산, 채권, 금, 미술품, 지적재산권 등 현실세계에 존재하는 모든 실물자산이 블록체인 기술로 토큰화되는 시장입니다. 만약 세계 최고가 미술품으로 알려져 있는 레오나르도 다빈치의 〈살바토르 문디〉(2017년 경매가 4억 5천만 달러)의 소유권은 토큰화하여 한 사람의 개인이 아닌 여러 사람에게 소유권을 나눠 갖도록 하는 프로젝트가 있다고 가정해 보겠습니다. 초고가 미술품인 레오나르도 다빈치의 작품을 일반인들은 결코 소장할 수가 없습니다. 하지만 만약 그 작품의 소유권을 토큰화해서 일반인들에게 분산해서 판매할 수 있다면, 그 작품의 가치를 소유하고 싶은 일반인들도 누구나 토큰보유를 통해서 소유권을 나눠 가질 수가 있습니다. 그러면 그 토큰이 행사할 수 있는 작품에 대한 소유권의 범위 등을 명확하게 거래 장부에 기록해 둬야 하겠지요. 나중에 자기 소유권을 빌미로 작품을 1/10로 찢어달라고 요구할 수는 없을 테니까요.

또한 대표적으로 부동산도 복잡한 거래 내용을 스마트계약 기반인 이더리움에 전부 담아낼 수가 있습니다. 어떤 빌딩을 토큰화하여 거래한다고 하면, 그 거래 원장에는 건물의 면적, 위치, 담보내용, 임대현황, 층별 소유현황, 가격 등 모든 세부적인 내용을 기입해야 하기 때문에 데이터의 양이 많아질 수밖에 없을 것입니다. 상점에서 받는 거래영수증과 부동산 거래 시의 복잡한 계약서 차이로 이해하시면 되겠습니다. 또한 워낙 고가의 거래이기 때문에 저렴한 수수료보다는 보다 안정적이고 신뢰할 수 있는 블록체인 기반에서 거래하기를 원하겠죠. 따라서 RWA 시장의 성장이야말로 이더리움의 소각량을 폭발시킬 수 있는 진짜 트리거가 될 수 있다고 볼 수 있습니다.

월스트리트는 왜 RWA에 그렇게 진심일까?

주요 기관에서 발표한 리포트에 의하면 2025현재 RWA의 시장규모는 대략 $20~24B로 조사되고 있습니다. 2026년부터 시장은 급속도로 성장하기 시작해서 Standard Chartered의 경우 2034년엔 $30T에 도달할 것으로 예측하고 있습니다.[11] McKinsey는 좀 더 보수적으로 스테이블코인을 중심으로 2028년 $2T에 이를 것으로 전망하고 있으며,[12] 다른 여러 기관들도 2030년에는 $3~16T까지 시장이 폭발적으로 성장할 것으로 내다보고 있습니다.

하지만 아직도 일반인들에게 RWA는 몸으로 체감이 잘 안되는 이슈일 것입니다. 테슬라의 자율주행택시를 직접 경험할 수 있어야 테슬라의 주가가 폭발적으로 상승하는 것과 비슷한 이치이지요. 여러분 중 누가 먼저 아파트 거래를 이더리움 기반에서 하려 하겠습니까? 더욱이 국가의 등기소 역할을 이더리움 같은 블록체인으로 넘긴다고 한다면, 법적, 제도적, 사회적 합의가 있어야 합니다. 부동산 같은 고가의 자산을 보유하고 있는 계층은 전자금융거래에 익숙한 젊은 층이 아니라 노인층들입니다. 아직도 그분들은 직접 부동산에 찾아가서 내 손으로 인감도장을 찍어야 거래가 성사된다고 생각하시는 분들입니다. 그런데 부동산이 토큰화되어 블록체인 기반에서 거래가 된다? 일

11 Business Insider Standard Chartered Forecasts $30 Trillion RWA Market: AZETHIO Releases 2026 Outlook, Focusing on Institutional "On-Chain Yield"(2025. 12.) 스탠다드차타드는 토큰화된 자산 시장이 2034년까지 30조 달러에 도달할 것으로 예측한다. 이러한 거시적 트렌드는 2025년 기관들의 진입과 함께 이미 구체화되기 시작했다.
https:markets.businessinsider.com/news/currencies/standard-chartered-forecasts-30-trillion-rwa-market-azethio-releases-2026-outlook-focusing-on-institutional-on-chain-yield-1035646140

12 McKinsey: From ripples to waves: The transformational power of tokenizing assets(2024. 6.) 2030년까지 토큰화된 자산의 시가총액이 약 2조 달러(Base Case)에 이를 것으로 보았습니다. 낙관적인 시나리오(Bull Case)에서도 4조 달러 수준으로 예측하며, 이는 스테이블코인을 제외한 수치입니다.
https:www.mckinsey.com/industries/financial-services/our-insights/from-ripples-to-waves-the-transformational-power-of-tokenizing-assets

반인들에게는 상당히 먼 이야기처럼 들립니다. 역시 코인은 내러티브로 장사해 먹는 사기에 가까운 자산이라고 생각하실지 모르겠습니다.

그런데 왜 세계적인 기관들은 RWA 시장이 급속도로 팽창할 것이라고 예측하고 있을까요? 저는 이 질문에 대한 답을 얻기 위해서 RWA에 대해 더 깊이 있게 공부해야만 했습니다. 제가 RWA가 꼭 필요하다고 체감했던 지점은 바로 주식 시장이었습니다. 코인거래는 매도를 하자마자 곧바로 출금이 가능합니다. 또한 365일 24시간 언제나 거래가 가능합니다. 외환거래도 별도의 환전수수료가 없습니다. 전통금융에서는 달러를 살 때의 가격과 팔 때의 가격이 크게 차이가 납니다. 그들은 막대한 환전수수료를 챙겨갑니다. 하지만 업비트 같은 거래소에서 USDT나 USDC를 사고팔 때 우리는 환전수수료를 별도로 지불할 필요가 없습니다. 약간의 거래 수수료만 발생할 뿐입니다.

주식 시장에서 제가 가장 불편하다고 생각했던 부분은 바로 주식 판매 후 발생하는 T+2의 예치 기간이었습니다. 주식 판매 후 바로 출금이 안 되고 예치 기간이 존재하는 이유는 주식거래의 정산과정 때문입니다. 미국은 2024년부터 T+1을 단축되었다고 하던데 한국은 여전히 T+2를 유지하고 있습니다. 증권거래 앱에서 거래가 성사되었다고 해서 실제 주식의 소유권이 완전하게 이전된 상태가 아닙니다. 단지 이렇게 매수자와 매도자가 약속을 했다는 기록이 남을 뿐이죠. 이 기록들은 한국예탁결재원에 보내지게 됩니다. 예탁원은 이 자료를 바탕으로 증권사 간 주식×대금의 차액을 계산하고 검증합니다. 그리고 또 하루가 지나면 예탁원은 최종 자료를 각 증권사에 전달하고 실제 주식 이전과 대금 지급이 이뤄집니다. 그 이유 중 하나는 증권사도 고객 돈을 지급할 만큼의 현금을 항상 보유하고 있지 않기 때문에 유동성을 확보할 시간을 주기 위함이라고 합니다. 하지만 근본적으로는 전통금융거래에서 사용하고 있는 원장이 블록체인처럼 스마트하지 않기 때문입니다. 거래 자체로 거래가 완결되는 것이 아니라, 엑셀기반의 데이터로 남아서 다시 그 내용을 점검하고 비교해 보는 정산과정이 꼭 필요한 것입니다. 이러한 불편으로 인해서 저는 코인거래소에서 이더리움을 팔고, 주식거래소에서 주식을 사는 과정은 바로 지연 없이 진행이 가능했지만, 역으로 비트마인 주식을 팔고 그 금액으로 이더리움을 사려면 이틀이라는 시간을 기다려야 하는 불편과 리스크를 감수해야만 했습니다.

저 같은 개미투자자의 경우에는 단지 약간의 불편함으로 작용할 수 있지만, 막대한 자금을 관리하는 월스트리트의 기관투자자라면 얼마나 불편하고, 큰 손실을 감내해야 할까요? 이틀 동안이나 자금이 묶여 있어야 한다면, 시시각각 변화하는 금융시장의 변동성에 대처할 수 있는 골든 타임을 놓칠 수도 있는 일이니까요. 따라서 RWA의 필요성을 가장 절감하고 있는 투자자들은 일반 개미투자자들이 아닌 월스트리트의 기관 투자자들이라는 생각이 들었습니다. 코인 선물시장에서는 코인을 대출하면 8시간 단위, 혹은 1시간 단위로 이자가 부과됩니다. 일반 개인도 이자를 하루 단위로 정산해서 다음 날 바로 지급해 줍니다. 그만큼 크립토 시장에서 자본은 한순간도 잠을 자지 않습니다. 그런데 전통시장에서는 여전히 T+1, T+2라는 사슬로 돈을 꽁꽁 묶어놓고 있습니다. 1조 원의 자산이 예탁원에서 하룻밤을 쉬게 되면 그 이자에 대한 기회비용은 얼마나 될까요? 연 4%의 이자를 적용한다면 하룻밤 머무는 숙박비가 무려 1억 원을 넘게 됩니다. 이러한 거래지연이 사라지게 된다면 엄청난 자본효율이 나타나지 않을까요? 이뿐만 아니라 엑셀 데이터를 일일이 정산하는 데에 필요한 막대한 인건비와 시간도 함께 절약할 수가 있게 되겠죠? 이것이 바로 월스트리트의 기관들이 RWA에 주목하는 이유입니다. 개인들에게 RWA는 선택의 문제이지만 기관들에게는 이제 절박한 생존의 문제가 되었습니다. 전통금융의 비효율성을 개선하지 않으면, 디지털금융 시대에서 도태될 수밖에 없기 때문입니다. 미국을 크립토의 수도로 만들겠다는 트럼프 대통령의 공약이 어떤 의미를 갖는지에 대해서 인식의 확장이 일어나는 순간이었습니다.

코린이 아빠의 변절: 다시 자유인으로 서다

11월 초 소프트뱅크의 손정의 회장은 나스닥 1위를 달리면서, AI의 대장주로 각광받고 있는 엔비디아 지분 전부(약58억 달러 규모)를 매각했습니다. 그뿐만 아니라 피터 틸의 헤지펀드에서도 2025년 3분기에 엔비디아 지분을 매도했다는 사실이 11월 공시를 통해서 알려졌습니다. 그런데 며칠 후인 11월 19일 수요일 엔비디아가 공개한 3분기 실적발표는 매출 570억 달러, 주당 순이익 1.3달러로 시장의 예상을 뛰어넘는 수준이었습니다. 엔비디아의 실적발표는 AI 버블 논란으로 불안했던 시장에 확실한 숫자로서 증명해 보이는 쾌거였습니다.

그럼에도 불구하고 투자의 거인들은 시장이 환호할 때 떠나라는 오랜 격언을 잊지 않고 실천해 보였습니다.

엔비디아의 긍정적인 실적발표가 나왔지만 엔비디아의 주가는 조금씩 하락하기 시작했습니다. 11월 18일에 구글이 발표했던 제미나이 3의 성능이 Open AI의 챗GPT를 압도했다는 뉴스가 빠르게 퍼지기 시작했습니다. 제미나이의 성능보다 시장이 더 놀랐던 점은 구글이 100% TPU로 훈련되었으며, 엔비디아의 GPU를 전혀 사용하지 않았다고 강조했기 때문이었습니다. 구글의 TPU는 AI 전용으로 개발된 집적회로로서 대규모 훈련과 추론에 특화된 하드웨어였습니다. 특히 전력당 성능이 매우 높아서 추론 비용이 엔비디아 GPU에 비해 4~5배가량 저렴하다는 분석이 나오기도 했습니다. 가뜩이나 AI 데이터 센터를 가동할 수 있는 전력자원이 부족한 미국으로서는 TPU가 엔비디아의 GPU를 대체할 가능성을 높게 보기 시작했습니다. 심지어 메타가 TPU 도입을 논의 중이라는 소식까지 전해지면서 엔비디아 주가는 계속해서 하락하기 시작했습니다. 엔비디아 GPU의 독점이 무너지기 시작했다고 시장은 판단했습니다.

손정의와 피터 틸의 매도 판단은 소름끼칠 정도로 정확한 타이밍에 이루어졌습니다. 저와 같은 개미투자자들은 결코 접할 수 없는 고급 정보들을 그들은 이미 알지 않았을까? 하는 의심이 들었습니다. 시장에 이미 다 알려진 정보로부터는 결코 알파가 얻어질 수 없다는 사실도 다시 되새겨 보게 되었습니다. 이더리움과 비트마인에 관한 내러티브는 이미 수많은 사람들에게 다 알려졌습니다. 비트마인을 처음 매수했던 7월 중순만 하더라도 대부분의 사람들이 몰랐던 시기였기 때문에 1달 동안 주가가 크게 상승할 수 있었습니다. 하지만 세상에 이미 다 알려진 비밀은 더 이상 비밀이 될 수 없었습니다. 시장의 기대값과 나의 기대값에서 나오는 차이가 결국 진정한 수익을 만든다는 어느 애널리스트의 말이 가슴을 울렸습니다.

이번 사건으로 얻은 또 하나의 교훈은 바로 거인들의 무서움이었습니다. 구글은 정말 치밀하게 AI의 미래를 준비해 왔다는 느낌을 받았습니다. 사실 오늘날의 LLM 기반 인공지능의 원조는 구글이었습니다. 그들이 AI가 발전할 경우에 필요한 하드웨어가 무엇인지에 대한 검토가 없었을까요? 당연히 그들은 다가올 AI 시대를 대비하여 TPU라는 전략무기를 조용하게 준비하고 있었던 것입니다. 구글은 TPU라는 하드웨어, 제미나이라는 소프트웨어, 구글 검색엔진이라는 사용자 플랫폼, 유튜브라는 방대한 데이터를 모두 소유한 디지털 생태계의 최종 포식자 같았습니다.

세상 모든 사람이 다 알 만한 비밀이 아닌, 세상으로부터 봉인되어 있는 비밀을 알아볼 수 있는 안목을 키워야겠다고 다짐했습니다. 그리고 과감하게 BMNR과의 이별 연습을 실행하는 차원에서 100%를 전부 매도해 보았습니다. 주가가 올랐을 때 전혀 팔지 못하다가, 떨어졌을 때 손실을 전부 확정 짓는 기분을 직접 맛보았습니다. 저는 이제 더 이상 이더리움과 비트마인 내러티브의 노예가 아니었습니다. 과거 XRP의 내러티브로부터 탈출했던 것처럼, 저는 다시 자유로운 영혼이 되어 새로운 시즌을 맞이할 준비가 되었습니다.

제3부

코린이 아빠, 월스트리트의 거인 어깨 위에 서다

"캔톤? 누구냐 너!"

캔톤 네트워크와 CC코인의 발견

제미나이 AI와 RWA에 관련하여 토론을 하다가 우연히 캔톤 네트워크라는 이름을 듣게 되었습니다. 코인거래와 달리 주식거래에서 느꼈던 답답함을 기관이라면 절감할 수 있을 거라는 판단으로 그렇다면 기관들은 어떻게 이 문제 해결을 시도하고 있는지에 대해서 계속해서 질문을 하던 과정에서 갑자기 튀어나온 이름이었습니다.

캔톤 네트워크(Canton Network)란 기관들의 거래를 위한 블록체인입니다. 이 블록체인에 참여하고 있는 기관들의 이름은 너무나 대단했습니다. 골드만삭스, BNP파리바, 마이크로소프트, 딜로이트 등 이름만 들으면 누구나 알만한 거대 그룹들이 함께하고 있다는 설명에 한편으로는 가슴이 뛰면서도, 한편으로는 그런데 이렇게 세상에 알려지지 않고 조용한 프로젝트가 있다고? 하는 의심도 들었습니다. 이 프로젝트의 목표는 흩어져 있는 금융 시스템을 연결하여 채권, 주식, 화폐 등을 자유롭게 거래할 수 있는 금융기관의 전용 블록체인 네트워크를 구축하는 것이었습니다.

캔톤 네트워크에서 거래 수수료로 소각되는 코인이 CC코인이며, 11월 초에 조용하게 Bybit, Kraken, Mexc 등의 중앙화 거래소에 상장되어 있었습니다. 상장과 동시에 코인 시가총액 50위권에 들어간 코인이었지만, 코인 시장의 공포가 절정을 향하고 있을 때 상장된 코인이라 그런지 아무도 관심을 갖지 않는 상태였습니다. 유튜브를 찾아봐도 코인에 대해서 홍보하는 채널도, 내용에 대해 분석해 주는 채널도 없었습니다. 좀 이상하다는 생각이 들었습니다. 과거 스캠코인에 사기를 당해본 적이 있기에 이번에는 조심에 조심을 더해야 한다는 생각으로 이 코인과 캔톤 네트워크에 관해 세부적으로 조사해 봐야겠다고 생각했습니다. 바이낸스(선물만 상장)나 코인베이스, 업비트 등에는 상장이 되지 않았기 때문에 많은 코인투자자들에게는 매월 수도 없이 발행되는 신규 알트코인 중 하나에 불과했습니다.

그렇게 주목받지 못하는 캔톤코인에 대해서 더 알아봐야겠다고 생각한 이유는 명확했습니다. 캔톤코인과 관련되어 있는 기업들의 무게에 비해서 너무나 시장이 조용하고 관심이 없다는 점입니다. 대부분의 코인 회사들은 코인 상장에 맞춰서 여기저기 언론보도도 하고, 인플루언서들을 통해서 유튜브나 X 등의 플랫폼에서 홍보를 열심히 합니다. 그래야 이른바 상장빔이 나오고, 이때 초기 투자자들은 보유하고 있는 코인의 일부를 시장에 던지면서 자연스럽게 엑시트할 수 있기 때문입니다. 이것이 신규코인들의 당연한 코스였는데, CC코인은 달랐습니다. 이상할 만큼 조용했고, 상장빔도 높게 나타나지 않았습니다. 코인회사가 자신들의 코인을 부지런히 홍보하지 않는다? 너무나 부자연스러웠고, 혹시 아직 드러내고 싶지 않은 비밀이 있나? 하는 의심을 하게 되었습니다.

10년 이상을 준비해 온 기관용 RWA 블록체인

캔톤 네트워크를 만든 Degital Asset은 2014년에 창립되었습니다. 이 회사는 전통 금융과 Defi(Decentralized Finance, 쉽게 이해하자면 크립토 금융)를 연결하는 솔루션 제공을 목표로 설립되었습니다. 실물자산 토큰화 즉, 금융기관들의 자산을 토큰화하고, 결제, 청산, 담보 이동을 효율화하기 위한 스마트 컨트랙트 언어 개발과 블록체인 네트워크개발을 추진하였습니다. 10년간의 개발과정을 거쳐서 만들어낸 결과물이 Daml이라는 스마트 컨트랙트 전용 언어입니다. 특히 이 언어 개발에는 딜로이트(Deloitte)가 함께 했습니다. 일반적인 개인 간의 거래와는 달리 기관끼리의 거래는 회계기준과 관계기관의 규제 등을 준수해야 하는 등의 특성이 있습니다. 따라서 블록체인에서 실시간으로 거래되는 스마트 계약이 이러한 법률적 기준에서 벗어나지 않도록 하기 위한 최적의 솔루션을 찾아야만 했고, 그에 맞게 개발된 언어가 Daml입니다. (이 언어의 특성에 대해서는 나중에 다시 자세하게 설명하도록 하겠습니다.)

회사의 창립자 겸 CEO를 맡고 있는 유발 루즈(Yuval Rooz)는 -

금융과 기술 분야 전문가로, 이전에 Citadel과 DRW Trading에서 근무한 경력이 있습니다. 2016년에 발표된 이 회사의 Series A 투자 리스트를 보면 정말 놀라지 않을 수가 없습니다. 13개 금융기관 중심의 투자자 리스트에는 놀랍게도 JP모건이 자리하고 있으며 리드 투자자로 언급되고 있습니다. (ABN AMRO, Accenture, ASX Limited, BNP Paribas, Broadridge Financial Solutions, Citi, CME Ventures, Deutsche Börse Group, ICAP, J.P. Morgan, Santander InnoVentures, The Depository Trust & Clearing Corporation (DTCC), The PNC Financial Services Group) JP 모건의 이름이 놀라운 이유는 이들은 이미 자체 플랫폼인 오닉스(Onyx)를 개발하고 있었기 때문입니다. 거대기업의 전략답게 그들은 자체 팀을 통해 기술을 개발함과 동시에 경쟁자가 될 지도 모르는 기업에도 초기 투자자로 참여를 함으로써 양수겸장을 기대했던 것 같습니다.

일반적인 블록체인 회사와 달리 이들은 코인을 먼저 출시하지 않았습니다. 10년에 걸친 기술개발 끝에 2024년 7월 캔톤 네트워크 메인넷을 론칭했습니다. 현재까지 이 네트워크에 참여한 기업들은 네트워크를 유지하며 매일 코인을 채굴해 왔습니다. 바로 거래 수수료로 사용될 캔톤코인(티커명: CC)입니다. 다른 토큰 회사와 달리 CC코인은 거래소 상장 전 이루어지는 ICO가 없었습니다. 일반적으로 토큰 회사들은 초기 개발비와 회사운영비를 조달하기 위해 일부 투자사에게 토큰을 먼저 팔아왔습니다. 하지만 Digital Asset은 달랐습니다.

사실 그들에게는 충분한 자금을 공급해 준 월가의 큰 손들이 있었습니다.

2025년 11월 CC코인을 중앙화거래소에 상장한 이후에도 이들은 코인을 시장에 팔지 않았습니다. 이 회사는 12월 4일 $50 Million의 추가 투자를 유치했습니다. 그리고 그 투자리스트는 다음과 같습니다. BNY(Bank of New York Mellon), iCapital, Nasdaq, S&P Global. 설마, 세계 최대 주식 거래소 운영자인 나스닥과 S&P지수를 만든 그 회사가 투자를? 네 맞습니다. 출시한 지 불과 한 달밖에 안 되는 코인개발사에 이런 거물들이 투자를 한다고? 너무 이상하지 않나요? 하지만 이런 엄청난 뉴스에도 불구하여 여전히 시장은 매우 조용하게 반응하고 있었습니다.

<Tip> Digital Asset(Canton Network) 투자 유치 히스토리

라운드 (시기)	규모 (한화 환산)	리드 투자자	참여한 모든 회사 (Investors)	핵심 의미
Series A 2016.02	약 700억 원 ($60M)	JP모건, 골드만삭스	JP모건, 골드만삭스, 씨티은행, BNP 파리바, ABN AMRO, 산탄데르, PNC, The DTCC, CME 그룹, Deutsche Börse, IBM, ASX(호주증권거래소)	은행 연합의 탄생
Series B 2017.01	약 480억 원 ($40M)	Jefferson River (토니 제임스*)	Jefferson River Capital (블랙스톤 전 사장의 패밀리오피스)	거물 개인의 베팅.

Series C 2020.02	약 420억 원 ($35M)		삼성벤처투자(Samsung), 세일즈포스(Salesforce), VMware	기술(Tech) 기업 합류
Series D 2021.04	약 1,400억 원 ($120M)	7Ridge, Eldridge	7Ridge, Eldridge Industries (※이사회에 블랙록 측 인사 참여 시작)	확장(Scale-up) 단계
Series E 2025.06		DRW VC, Tradeweb	DRW, Tradeweb, 골드만삭스, BNP 파리바, The DTCC, Citadel Securities(시타델), IMC, Optiver, Liberty City Ventures, Circle(써클) 등	마켓 메이커의 참전
Latest 2025.12		–	BNY Mellon, Nasdaq(나스닥), S&P Global, iCapital	인프라 끝판왕의 종결

왜 월스트리트는 이더리움이 아닌 캔톤이 필요했을까?

이더리움은 훌륭한 퍼블릭 블록체인입니다. 하지만 기관들이 꺼릴 수밖에 없는 가장 결정적인 약점이 있습니다. 이더리움은 모든 장부를 네트워크의 모든 참여자가 똑같이 복사해서 나눠 가집니다. 즉, 옆집 철수가 누구에게 얼마를 보냈는지 전 세계가 다 알 수 있습니다. 은행이나 투자사과 같은 금융기관 입장에서는 고객의 거래 내역이나 투자 전략이 경쟁사에 모두 노출되는 치명적인 문제가 발생합니다. 즉 금융거래에서 가장 중요한 프라이버시가 보호되지 않습니다. 캔톤은 이와 달리 전체 장부를 공유하지 않습니다. 대신 거래 당사자들끼리만 데이터를 공유할 수 있습니다. 나머지는 암호화된 상태로 네트워크에서 거래의 조작여부만 판단할 수 있도록 공유됩니다. 네트워크에 참여한 경쟁자들에게 내 패를 보여주지 않고도 블록체인의 무결성은 챙길 수 있도록 설계된 것입니다.

둘째로 이더리움은 느립니다. 대규모 업그레이드를 통해서 속도를 개선하고, L2의 어플리케이션으로 극복하려고 하지만, 근본적으로는 세계 모든 컴퓨터가 똑같은 연산을 반복해야 하므로 속도가 느릴 수 밖에 없습니다. 갑자기 이용자들이 몰려서 길이 막히게 될 경우, 천문학적인 금액을 거래하는 금융기관으로서는 엄청난 손실이 발생할 수도 있습니다. 이들이 가장 싫어하는 것은 바로 불확실성과 리스크입니다. 이에 반해 캔톤은 각 은행의 모든 원장을 동기화하지 않습니다. 은행의 시스템은 시스템대로 돌아가고, 캔톤에서 거래가 필요한 거래만 빠르게 싱크로되는 구조입니다. 쉽게 비유를 하자면 이더리움이 고속도로라면, 캔톤은 고속전철에 가깝습니다. 언제나 예측이 가능하면서도 빠릅니다.

셋째로는 수수료의 예측 가능성입니다. 이더리움은 코인 가격이 오르면 수수료도 같이 비싸집니다. 언제나 투기세력들의 먹잇감이 될 수 있습니다. 널뛰는 가격으로 인해서 금융기관 입장에서는 비용 예측이 불가능하게 됩니다. 이 또한 불확실성 리스크입니다. 하지만 캔톤은 수수료가 USD달러 기준으로 고정되어 있습니다. 코인 가격이 10배가 상승하든, 하락하든 수수료가 달라질 일은 없습니다. 다만 수수료에 따른 코인의 소각량만 달라질 뿐입니다. 코인 가격이 비싸지면 소각량이 줄어들고, 코인 가격이 하락하면 소각량이 늘어나는 구조입니다.

끝으로 매우 중요한 요소가 또 있습니다. 그것은 바로 허가형 블록체인이라는 것입니다. 이더리움은 프라이버시를 보호하는 기술로 제로지식증명(Zero-Knowledge Proofs)이란 기술을 활용하고 있습니다. 이 기술은 프라이버시를 보호하는 데에는 완벽할 수 있지만, 동시에 감사 및 감독이 불가능해집니다. 범죄단체의 불법적인 거래나 해킹으로 인해 자산이 탈취될 경우 네트워크상에서 해당 코인을 동결하거나 압수하는 과정이 쉽지 않습니다. 그러나 캔톤은 규제당국의 접근을 가능하도록 열어줄 수가 있습니다. 보통으로는 거래 당사자들에게만 내용을 볼 수 있도록 허가해 주지만, 규제 준수 여부를 감사해야 하는 기관이나 정부의 요청에 의해서도 내용이 공개될 수 있는 것입니다. 이러한 하이브리드 구조이기 때문에 금융기관들은 캔톤을 선호할 수밖에 없습니다. 거래의 상업적 기밀은 보장하면서도 감독기관에게도 신뢰를 확보할 수 있기 때문입니다.

금융의 문법은 달라야 한다. DAML 스마트 컨트랙트 언어

캔톤의 Daml 언어는 이더리움이 사용하는 Sloidity와 달리 돈의 이동을 단순히 명령하는 것이 아니라 세부적인 권리를 수학적으로 정의합니다. 예컨대 단순히 “A 계좌에서 B 계좌로 100달러의 돈을 옮겨라.”라고 절차를 명령하는 것이 아니라, 누가 이 자산을 옮길 권리를 가지고 있고, 누가 승인할 의무가 있는지, 어떤 조건에서 거래가 성사될 수 있는 지, 그에 따른 자금의 정산을 어떻게 이루어질 것인 등의 금융계약서를 그대로 코드로 옮기기 때문에, 논리적 오류나 권한 탈취 사고의 위험성이 거의 없습니다. 기본적으로 권한 없는 자의 접근을 수학적으로 막을 뿐만 아니라 이중거래의 위험을 방지하고자 슈퍼밸리데이터들을 통해서 모니터링하는 시스템도 갖추고 있습니다.

두 번째로 Daml 언어는 원자적 거래(Atomic Transaction)에 최적화되어 있습니다. Daml의 계약은 T_{final} = T_{asset} + T_{cash}로 구성됩니다. 즉, 자산의 거래는 반드시 결재에 따른 캐시가 묶여져서 거래가 성사됩니다. 이를 합성성이라고 합니다. 주식이나 채권을 줬는데 돈을 못 받는 행위가 있으면 안 되겠지요? Daml은 원천적으로 그러한 거래발생을 차단합니다. 예컨대 주식 100만 주를 A 기관이 B 기관에 양도한다고 하면, 이에 대한 결재대금이 토큰화된 달러 예금으로 즉시 함께 결재가 되어야 거래가 성사될 수 있습니다. 만약 B기관의 예금 통장에 단 1원이라도 토큰화된 현금이 부족하다면 이 거래는 성사되지 않습니다. 반드시 거래 당사자들의 계약내용이 완벽하게 모두 충족되어야만 거래가 성사되기 때문에, 거래가 성사될 때, 계약서와 결재처리가 0.01초의 오차도 없이 동시에 일어나게 되는 것입니다.

끝으로 Daml 언어는 거래 내용이 매우 복잡한 파생상품, 옵션이나 스왑 등의 거래에 최적화되도록 설계되었습니다. 사실 저는 파생상품의 원리나 옵션거래, 스왑 등을 직접 해보지 않았기 때문에, 이러한 거래의 특징에 대해서 100% 정확하게 이해하기는 어려웠습니다. 파생상품의 가격이나 행사 여부는 외부 데이터에 의존한다고 합니다. 예를 들자면 S&P 500지수나 금리와 같은 조건에 따라 권리 행사가 달라진다고 하면, 단순히 숫자를 조작하는 것으로 데이터를 조작하는 것이 불가능하도록 신뢰할 수 있는 기관이 서명한 팩트를 근거로만 거래가 성사될 수 있도록 함수가 구성되어 있다고 합니다. (계약서 내에 Observer를 지정하고, 그 Obsever가 서명한 데이터 패키지가 입력되어야만 함수가 작동하는 원리라고 합니다.)

이러한 Daml 언어가 최종적으로 지향하는 지향점은 어쩌면 인간의 개입을 0으로 만드는 것일지도 모릅니다. 기존 전통금융에서는 원장의 오류를 검증하기 위해서 수많은 인력들이 엑셀데이터를 돌려가면서 문제가 없는지를 직접 검증해야 했습니다. 하지만 캔톤을 통해서 계약과 결재가 동시에 처리되기 시작하면, 더 이상 그 과정을 일일이 검증해야 할 사람의 역할이 사라지게 됩니다. 그 결과 수조 달러의 자산이 365일 24시간 0.0001초의 지체도 없이 기계적으로 캔톤 네트워크 위에서 돌아가게 됩니다. 이미 많은 기관들이나 전문투자자들은 트레이딩 봇을 사용하여 거래를 하고 있습니다. 골드만삭스의 AI

트레이딩 봇과 JP모건의 자산관리 AI봇이 서로의 자산을 주고받고 거래하는 공통의 언어가 바로 Daml이 되는 것입니다. 그뿐만 아니라 향후 개인화된 AI 에이전트의 시대가 되면, 개인들도 AI를 통해서 자기 자산을 관리할 가능성이 높아집니다. 예컨대 "시리야, A은행에 있는 내 자금 1만 달러를 가장 안전하면서 수익률이 높은 국채를 알아보고 투자해 줄래? 언제든지 자금이 필요하면 회수할 수 있는 조건으로 투자해 줘."라고 명령만 하면 AI 에이전트가 바로 계약을 실행하는 시대가 오게 될 것입니다. 사람은 오직 자기 지갑에서 수익률이 어떻게 변화하는지를 모니터링만 하면 될 뿐입니다.

SVB 파산의 진짜 원인과 캔톤의 필요성

금융 시스템에 캔톤 네트워크가 왜 필요한지를 가장 드라마틱하게 볼 수 있는 사건이 있습니다. 바로 2023년 3월, 실리콘밸리은행(SVB) 파산사태입니다. 멀쩡했던 은행이 단 36시간 만에 문을 닫았던 충격적인 장면이었습니다.

당시 언론들은 '금리 인상으로 채권 가격이 폭락해서 망했다'라고 떠들어 댔지만, 그건 반쪽짜리 진실이었습니다. SVB는 결과적으로 '흑자 도산'을 했습니다. 자산이 부채보다 많은 상태였는데도 망해버린 겁니다. 도대체 이게 무슨 귀신 씻나락 까먹는 소리냐고요? 여기서 우리는 '속도의 비대칭'이라는 무시무시한 괴물을 마주하게 됩니다.

과거의 뱅크런은 사람들이 은행 앞에 길게 줄을 서서 번호표를 뽑는

‘아날로그’ 방식이었습니다. 은행장은 셔터를 내리고 직원들을 시켜 돈을 구해올 시간을 벌 수 있었죠. 하지만 지금은 어떤 세상입니까? 스마트폰 터치 몇 번이면 수조 원이 순식간에 빠져나가는 ‘디지털 광속’의 시대입니다.

은행이 위험하다는 소문이 퍼지자 SVB 고객들은 스마트폰으로 빛의 속도로 예금을 인출해 갔습니다. 하루 만에 무려 56조 원이 인출되었다고 합니다. 그런데 은행이 돈을 마련하는 시스템은 어땠을까요? 여전히 T+2(거래 후 2일 뒤 정산)라는 느려 터진 아날로그 시스템에 머물러 있었습니다.

SVB는 고객에게 줄 현금을 마련하기 위해 갖고 있던 미국 국채를 팔아야 했습니다. 그런데 채권을 팔아도 현금이 들어오려면 이틀이 걸립니다. 당장 1분 1초가 급한데 이틀을 어떻게 기다립니까? 결국 그들은 급전을 구하기 위해서, 엄청난 손해를 보면서 채권을 시장에 던져야 했고, “SVB가 채권을 투매한다!”라는 소문이 퍼지자 불안감을 느낀 고객들이 더 빨리 돈을 빼 가는 악순환이 벌어진 겁니다.

만약 그때 ‘캔톤 네트워크’가 있었다면 어땠을까요?

상상해 보십시오. SVB가 보유한 미국 국채가 종이 쪼가리가 아니라, 캔톤 네트워크 위의 ‘토큰’이었다면 말입니다. SVB는 굳이 시장에 “나 돈 없어서 채권 팔아요!”라고 동네방네 소문낼 필요가 없었을 겁니다. 캔톤의 ‘프라이버시(Privacy)’ 기능을 이용해서 골드만삭스나 JP모건 같은 거인들에게 조용히 말을 걸었겠죠.

“형님들, 내 국채 토큰을 담보로 잡고 현금 토큰 좀 쏴주십쇼. 이자는 넉넉히 드릴게."

이게 바로 금융기관들의 레포(Repo) 거래입니다. 캔톤 위에서는 이 거래가 어떻게 일어날까요? '원자적 거래(Atomic Settlement)', 즉 담보를 넘기는 순간 현금이 0.001초 만에 꽂힙니다. T+2? 그런 건 구시대의 유물입니다.

게다가 캔톤은 허가형 블록체인이기에 누가 돈을 빌리는지 시장은 알 수가 없습니다. SVB는 자신의 포지션을 노출하지 않고도 순식간에 유동성을 확보해서 뱅크런을 막아냈을 겁니다. 고객들이 스마트폰으로 돈을 빼가는 속도보다, 은행이 돈을 채워 넣는 속도가 더 빨랐을 테니까요.

이제야 왜 월스트리트의 거인들이 그토록 RWA(실물자산 토큰화)와 캔톤에 목을 매는지 이해가 되십니까?

그들에게 캔톤은 단순히 수수료를 아끼는 도구가 아닙니다. 디지털 뱅크런이라는 21세기의 재앙으로부터 자신들의 제국을 지켜줄 유일한 생존 키트이자 방공호인 것입니다.

아날로그 금융과 디지털 금융의 속도 차이, 그 틈새에서 발생하는 거대한 리스크를 메울 수 있는 유일한 대안. 그것이 바로 돈 윌슨과 월가가 10년 동안 칼을 갈며 준비해 온 캔톤 네트워크의 진짜 정체입니다.

캔톤 네트워크의 진짜 설계자 DRW의 돈 윌슨

실리콘밸리에 피터 틸이 있었다면, 월스트리트에는 DRW의 창업자인 도널드 R. 윌슨 주니어(Donald R. Wilson Jr., 이하 돈 윌슨)가 있었습니다. 지금껏 한 번도 들어본 적 없는 인물이었기에 별로 대단하지 않은 사람인 줄로만 알았습니다. 그는 시카고 대학에서 경제학을 공부했습니다. 1988년 그는 약 2년여 만에 학부 과정을 빠르게 마치고 20세의 나이로 졸업을 했습니다. 그리고 바로 1989년 시카고 상품거래소(CME)로 달려가서 트레이더로 경력을 시작했습니다. 그는 단순히 직관이나 감각에 의존하는 트레이더가 아니라, 수학적 모델링에 기초한 퀀트형(수학이나 통계학을 기반으로 컴퓨팅 알고리즘에 의해 트레이딩하는) 트레이더였습니다. 트레이더로서 엄청난 능력을 증명해 보인 그는 1992년 자신의 이니셜을 딴 DRW라는 회사를 설립하였습니다.

DRW는 매우 특별한 회사였습니다. 이 회사는 일반적인 금융회사라기보다는 기술 회사에 가까웠습니다. 최고의 개발자들과 수학자들, 물리학자들을 고용하여, 인간의 판단보다 수학적 모델에 기반한 컴퓨팅 트레이딩 시스템을 구축했습니다. 무려 2,000여 명의 직원이 근무하는 것으로 알려진 DRW는 상장회사도 아닐 뿐더러 고객의 자산을 맡아서 위탁관리해 주는 자산운용사도 아닙니다. DRW가 투자하는 자산의 원천은 오직 창립자인 돈 윌슨의 자금으로 알려져 있습니다. 100% 오직 창업자의 자금으로 운영되는 이 회사는 누구에게도 투자에 관한 전략이나 현황을 설명해야 할 공시의무가 전혀 없습니다. 때문에 이 회사의 정확한 자산 규모는 알려져 있지 않으며, 포브스 억만장자 리스트에도 돈 윌슨은 올라와 있지 않습니다. 그뿐만 아니라 그는 철저하게 언론노출도 피하며, 그 흔한 성공한 CEO 인터뷰조차 하지 않습니다. 그래서 사람들은 잘 알지 못합니다. 저도 역시 그랬습니다. 그들의 투자 노하우는 마치 코카콜라의 제조법처럼 철저하게 비밀로 관리되는 것 같았습니다.

DRW가 얼마나 대단한 회사인 지는 빙산의 일각으로 드러난 부분을 통해서 유추해 볼 수 있습니다. 이 회사의 자산규모를 파악할 수 있는 유일한 단서는 미국 증권거래위원회(SEC)에 제출하는 보고서입니다. 2025년 9월 30일 기준으로 공식적으로 확인된 DRW의 주식 자산만 약 54.5억 달러(한화로 7.5조원)로 알려져 있습니다. 사실 DRW의 주식 자산은 그들의 주력자산이 아닐 가능성이 매우 높습니다. 그들의 진짜 주력 상품은 옵션, 선물, 채권, ETF 그리고 암호화폐이기 때문입니다. 2014년에 창립한 크립토 자회사인 컴벌랜드(Cumberland)는 업계 최대의 마켓 메이커로 알려져 있습니다. 블랙록이나 비트마인과 같은 회사들이 거래소가 아닌 회사로부터 물량을 공급받는다고 알려져 있지요? 바로 그런 회사에게 암호화폐를 대규모로 공급해 주는 회사가 바로 컴벌랜드라고 합니다. 이렇게 대대한 회사인 컴벌랜드도 DRW의 자회사일 뿐입니다. 이제 DRW의 엄청난 규모가 상상이 좀 가실까요?

캔톤의 개발사인 Digital Asset를 설립한 것도 결국 DRW입니다. CEO를 맡고 있는 유발 루즈도 DRW 출신입니다. 그는 아마도 DRW

에서 가장 유능한 직원 중 한 사람이었을 것입니다. 엄격한 의미에서 그는 Digital Asset의 창업자라기보다는 중요한 프로젝트를 부여받은 믿을 만한 팀장에 가깝다고 보입니다. 그 단서는 바로 캔톤의 이름에서 알 수 있습니다. 캔톤 네트워크는 스위스의 연방 행정 구역 단위인 Canton에서 유래했다고 공식적으로 밝히고 있습니다. 캔톤이 왜 스위스로부터 철학적 지향점을 가져왔는지는 나중에 더 다루도록 하겠습니다. 핵심은 돈 윌슨이 청소년기에 아버지의 직장 때문에 스위스 취리히에 살았다는 점입니다. Risk.net이 돈 윌슨에게 평생 공로상을 수여하면서 작성한 2024년 특집기사에서 그는 10대 시절 당시 취리히의 금융 중심가인 반호프슈트라세(Bahnhofstrasse)를 걸으며 은행 창문에 걸린 환율 전광판을 보면서 이런 생각을 했다고 합니다. '은행마다 환율이 조금씩 다르네? 여기서 사서 저기서 팔면 돈을 벌 수 있겠다(차익거래).' 이것이 훗날 그가 세계적인 트레이더가 되는 결정적 계기가 되었다고 합니다. 따라서 Digital Asset에 창업자금을 댄 사람도, 핵심 인재를 구성한 사람도, 사업 아이디어를 제공한 사람도, 거대 기관들을 끌어들여서 금융기관의 네트워크를 만든 자도 결국 DRW의 돈 윌슨으로 볼 수 있습니다.

Digital Asset은 6차에 걸쳐서 월스트리트의 핵심 기관들로부터 투자를 유치했습니다. 이것은 단순히 자금이 필요하기 때문에 투자를 유치했다기보다는 기관의 자금이 주주로 합류하면서 회사의 운영과 관리에 관해 견제하고, 투명성을 요구할 수 있는 권리를 갖기 위함이라고 보였습니다. Digital Asset이 유치한 자금의 규모는 DRW의 역량을 고려한다면 정말 푼돈에 불과한 자금이었습니다. 돈 윌슨이 그들에게 자금을 받은 것은 오히려 이익을 셰어하고, 그들을 피를 섞은 진짜 동업자로 만들겠다는 캔톤의 연방제 네트워크 정신을 회사에 녹여낸 결과로 보아야 할 것입니다. 그래야 DRW가 시스템을 자기들 마음대로 바꾸지 못하게 감시할 수가 있고, 안심하고 자신들의 자금을 태울 수 있기 때문입니다.

저는 조용하게 가려졌던 돈 윌슨의 명성뿐만 아니라, 그가 10년 동안 치밀하게 준비해 온 과정에 더 큰 감동을 느꼈습니다. 알고리즘 기반의 초단타 매매만 잘하는 트레이더가 아니라, 그는 크립토가 가져올 거대한 변화의 물결을 미리부터 감지하고 수면 아래에서 아주 은밀하게 전 세계 RWA의 네트워크를 독점하기 위한 작전을 수행하고 있었던 것입니다. 비트코인이 거대한 항공모함이라면, 이더리움은 이지스함이고, 캔톤 네트워크는 마치 핵잠수함처럼 느껴졌습니다. 아직은 실체를 잘 드러내지 않고 있지만, 핵잠수함의 존재가 세계에 널리 알려지는 순간 시장은 그 엄청난 위력에 깜짝 놀라게 될 것입니다.

리브라가 켄톤에게 남긴 것

여러분, 기억하십니까? 2019년 6월, 전 세계 금융 당국을 발칵 뒤집어 놓았던 그 사건을요. 바로 페이스북(현 메타)의 수장 마크 저커버그가 야심 차게 발표했던 디지털 화폐 프로젝트, '리브라(Libra)' 말입니다.

당시 페이스북의 이용자는 24억 명에 달했습니다. 전 세계 인구의 3분의 1이 연결된 거대한 제국이었죠. 저커버그는 생각했습니다. "이 엄청난 네트워크 위에서 국경 없이 자유롭게 쓰이는 돈을 만들자!" 그는 인터넷으로 사진을 보내듯, 돈도 쉽게 보낼 수 있는 세상을 꿈꿨습니다.

'금융의 혁신'처럼 들리시나요? 하지만 미국 정부와 연준의 귀에는 전혀 다르게 들렸습니다. 그건 바로 '달러 패권에 대한 선전포고'였습니다.

리브라 백서가 발표되자마자 워싱턴은 패닉에 빠졌습니다. 만약 24억 명이 달러 대신 리브라를 쓰기 시작한다면? 미국 중앙은행인 연준(Fed)의 통화 정책은 무용지물이 됩니다. 기축통화국으로서 미국이 가진 '돈을 찍어내는 힘(발권력)', 즉 국가 권력의 최후 보루가 민간 기업에게 넘어가는 꼴이 되니까요. 결국 저커버그는 미국 의회 청문회장에 불려 나갔습니다. 그 자리는 청문회가 아니라 사실상 '공개 처형'에 가까웠습니다.

맥신 워터스 하원 금융위원장은 저커버그를 노려보며 쏘아붙였습니다.

"당신은 셧다운 스위치를 가지고 있습니까?"

"당신들이 달러를 대체하려 한다는 것을 우리는 알고 있습니다."

평소 티셔츠 차림을 즐기던 저커버그였지만, 그날만큼은 정장을 입고 식은땀을 흘리며 "우리는 달러를 도우려는 것이지 대체하려는 게 아닙니다."라고 변명해야 했습니다. 하지만 이미 늦었습니다. 국가는 자신들의 권력(화폐)을 건드린 대가가 얼마나 혹독한지 본보기를 보여주고 싶어 했으니까요. 결국 리브라는 '디엠(Diem)'으로 이름을 바꾸며 몸을 낮췄지만, 끝내 규제의 벽을 넘지 못하고 2022년 역사 속으로 사라졌습니다.

이 사건은 한 가지 뼈저린 교훈을 남겼습니다. "아무리 혁신적인 기술이라도, 국가의 발권력에 도전하면 반드시 죽는다."

그런데 말입니다. 저커버그가 의회에서 난타당하고 있을 때, 시카고의 한 사무실에서 이 모든 과정을 아주 흥미롭게, 그리고 차분하게 지켜보고 있던 남자가 있었습니다. 바로 캔톤 네트워크의 설계자, DRW의 돈 윌슨입니다. 그는 리브라의 몰락을 보며 쾌재를 불렀을지도 모릅니다. 아니, 아마도 안도했을 겁니다. 자신의 생각이 틀리지 않았다는 것을 확인했으니까요.

돈 윌슨은 알았습니다. 실리콘밸리의 방식인 "일단 저지르고 봐라(Move fast and break things)."는 IT 업계에서는 통할지 몰라도, 금융 업계에서는 '자살 행위'라는 것을요. 금융은 신뢰와 규제, 그리고 통제 위에서 작동하는 시스템이기 때문입니다.

그래서 캔톤은 리브라와 정반대의 길을 선택했습니다. 리브라가 화려한 스포트라이트를 받으며 "우리는 혁명이다!"라고 외칠 때, 캔톤은 '침묵'했습니다. 무려 10년 동안이나 말이죠. 마치 "새가 울 때까지 기다린다."라는 일본 전국시대의 영웅 도쿠가와 이에야스처럼.

캔톤이 왜 그렇게 오랫동안 조용했는지, 왜 이제야 세상에 모습을 드러내는지 의심스러우셨죠? 저도 처음엔 그랬습니다. "아니, 10년이나 준비했다면서 왜 이렇게 알려진 게 없어? 이거 혹시 기술력이 없는 거 아니야?” 하지만 공부를 하면 할수록 소름이 돋았습니다. 그 10년은 기술을 개발하는 시간이기도 했지만, 더 중요하게는 ‘규제 당국을 내 편으로 만드는 시간’이었기 때문입니다.

돈 윌슨은 규제 당국과 싸우는 대신, 그들을 끈질기게 설득했습니다. “우리는 리브라처럼 당신들의 권력을 뺏으려는 게 아닙니다. 오히려 당신들이 원하는 ‘완벽한 통제’와 ‘감독’을 가능하게 해주는 도구입니다.”

그 증거가 바로 캔톤의 핵심 언어인 ‘Daml’입니다. 이 언어는 애초부터 금융 규제를 코드 안에 심어놓도록 설계되었습니다. 자금 세탁 방지(AML), 고객 확인(KYC), 테러 자금 조달 금지 등 국가가 걱정하는 모든 리스크를 원천적으로 차단할 수 있게 만든 것이죠.

리브라가 “우리는 국경 없는 자유로운 화폐”를 외치며 국가를 자극할 때, 캔톤은 조용히 워싱턴을 드나들며 “우리는 규제를 준수하는 안전한 인프라”임을 증명해 보였습니다. 2013년 CFTC와의 소송에서 승리한 후, 규제 기관들이 돈 윌슨을 자문위원으로 모셔가기 시작한 것은 우연이 아닙니다. 이미 그는 ‘위험한 투기꾼’이 아니라 ‘시스템의 설계자’로 인정받고 있었던 것입니다.[13]

결국 캔톤 네트워크는 리브라가 실패한 그 자리에서 피어난 꽃입니다. 저커버그가 뚫지 못한 규제의 벽을 돈 윌슨은 우회해서 넘어갔습니다. 아니, 아예 그 벽의 일부가 되어버렸습니다.

리브라가 실패한 이유는 기술이 부족해서가 아니었습니다. ‘오만’했기 때문입니다. 반면 캔톤이 성공(아직 대중은 모르지만 이미 기관들은 다 알고 있는 그 성공)한 이유는 '겸손'했기 때문입니다. 국가 권력 앞에 납작 엎드려, 그들이 가려운 곳을 긁어주며 친구가 되기를 자처했습니다. 더욱이 달러 스테이블코인 법안이 통과되고 트럼프 대통령이 미국을 암호화폐의 수도로 만들겠다며 정부와 의회가 친암호화폐로 선회할 때까지 조용히 때를 기다려온 것입니다.

미국 예탁결제원(DTCC)이 미국 국채를 캔톤 위에서 발행하겠다고 승인받은 사건(2025년 12월)[14], 이것이야말로 캔톤이 리브라와는 차원이 다른 길을 가고 있다는 결정적인 증거입니다. 국가는 적에게 국채 발행을 맡기지 않습니다. 오직 믿을 수 있는 '동맹'에게만 허락하는

13 TradersMagazine DRW's Wilson Calls for Overhaul of Trading Infrastructure(2025. 10.) 돈 윌슨(Don Wilson)은 《Traders Magazine》(2025)과의 인터뷰에서 실시간 결제가 가능한 24시간 금융 인프라로의 전환을 촉구했다. 특히 그는 토큰화된 자산 중 발행사의 신용에 의존하는 'IOU 방식'의 위험성을 경고하며, 제도권 원장이 직접 온체인으로 연결되는 '네이티브 토큰화'만이 금융 시스템의 실질적인 안정성을 담보할 수 있다고 역설했다.
https:www.tradersmagazine.com/xtra/drws-wilson-calls-for-overhaul-of-trading-infrastructure/

14 DTCC 공식 보도 자료(2025. 12.) DTCC and Digital Asset Partner to Tokenize DTC-Custodied U.S. Treasury Securities on the Canton Network: DTCC는 디지털 에셋(Digital Asset) 및 캔톤 네트워크와의 파트너십을 통해 DTC에 보관된 미국 국채의 일부를 캔톤 네트워크에서 발행(Mint)할 계획이라고 공식 발표했습니다. DTCC의 CEO 프랭크 라 살라(Frank La Salla)는 이를 "전통 금융과 디지털 금융 생태계를 원활하게 연결하는 전략적 진전"이라고 평가했습니다.
https:www.dtcc.com/news/2025/december/17/dtcc-and-digital-asset-partner-to-tokenize-dtc-custodied-us-treasury-securities

법이죠.

여러분, 화려한 혁명가는 처형대에 올랐고, 조용한 전략가는 왕의 침실 열쇠를 손에 넣었습니다. 이제 보이십니까? 왜 제가 그토록 캔톤, 캔톤 노래를 불렀는지요. 우리는 지금 혁명가가 아니라, 왕의 친구가 된 이 '조용한 거인'의 어깨 위에 올라타야 합니다. 그래야 이 거대한 부의 이동에서 살아남을 수 있습니다.

CC코인의 발행-소각시스템

캔톤 네트워크에서 거래 수수료로 사용되는 CC코인은 서버를 운영하고 거래를 검증하는 밸리데이터(Validator)들에게 보상으로 주어집니다. 2024년부터 노드를 운영하는 가운데 지금까지 발행된 CC코인의 공급량은 약 360억 개입니다. 약 2,100만 개인 비트코인, 1억 2천만여 개인 이더리움에 비하면 엄청난 숫자입니다. 이뿐만 아니라 CC코인의 최대 공급량은 무한대로 나와 있습니다. 즉 얼마든지 새롭게 발행될 수 있는 코인이라는 점입니다. 그래서 이 숫자들만 보자면, 기존의 코인투자자들은 '이거 밈코인 아니야?'라는 생각이 들지도 모르겠습니다. 하지만 기관들의 거래규모나 RWA 시장의 대폭발을 생각할 때 충분한 유동성 공급을 위해 상방을 열어둔 것으로 이해할 수 있습니다.

총 발행량이 기하급수적으로 늘어나기만 한다면 투자자로서 투자할 가치는 아예 사라지게 되겠지요? CC코인은 기관들의 RWA 거래

비용을 낮추기 위한 목적도 있지만, 네트워크를 선점한 거인들에게 막대한 이익도 안겨줄 수 있도록 합리적인 소각시스템을 설계해 두었습니다. CC코인은 이더리움이 가스비로 코인을 소각하는 것과 마찬가지로 네트워크상에서 즉시 소각됩니다. 그런데 이더리움과 다른 점은 별도의 레이어2와 같은 시스템이 존재하지 않습니다. 캔톤 네트워크의 수수료는 오직 CC코인으로만 지불 가능합니다.

이전에 잠깐 설명한 바와 같이 **수수료 지불의 수단은 CC코인이지만, 거래비용의 기준은 달러에 고정**되어 있습니다. 따라서 시장에서 CC코인 가격이 폭등하거나 폭락하더라도 기관들은 안정적인 비용으로 거래 수수료를 납부할 수 있습니다. 다만 그때마다 소각되어지는 CC코인의 양만 달라질 뿐입니다.

그렇다면 이런 비판도 가능할 수 있습니다. "수수료가 달러에 고정되어 있다면, 결국 코인의 가격이 오를 수 없는 구조 아니야?" 일부분은 맞고, 일부분은 틀린 이야기입니다. 코인가격이 고평가되면, 소각시스템에 의해 수량이 자동으로 조절되기 때문에 일시적인 폭등을 기대하기는 어렵습니다. 하지만 시장의 거래규모 자체가 커져서 소각비용이 증가하게 되면, 이에 따라 CC코인의 가격은 우상향할 수밖에 없습니다. 즉, 단기적인 시장의 기대심리나 포모에 의한 가격상승이 아니라 철저하게 실제 사용되고 있는 거래 수수료의 규모에 의해 가치가 재평가되고 조정될 확률이 높아지게 되는 것입니다.

캔톤의 보상시스템이 이더리움과 다른 또 하나의 특징은 바로 "애들은 가라."입니다. 개인들은 CC코인을 아무리 많이 갖고 있다고 하더라도 캔톤 네트워크의 허가 없이는 노드에 참여할 수 없습니다. 어찌 보면 이건 귀족들의 카르텔이라고 볼 수도 있겠습니다. 마치 주식시장의 우선주처럼 일반 개인들은 캔톤 네트워크의 의사결정에도 전혀 참여할 수가 없습니다. 그렇다면 책임만 있고, 권리는 없는 주식을 왜 일반 개인들이 사야 하지? 하고 반문할 수도 있겠습니다. 그런데 어찌 보면 캔톤 네트워크에서 수수료 수익을 만들어내는 주체는 개인이 아닌 금융기업들입니다. 캔톤 네트워크는 오직 신뢰할 수 있는 기관이 아니면, 노드참여를 원천적으로 차단함으로써 보안과 신뢰를 다 확보할 수 있습니다. 이렇게 신뢰할 수 있는 자산에 투자할 수 있는 권리만으로도 저는 감사하다고 생각할 뿐입니다.

캔톤 네트워크는 이더리움과 마찬가지로 소각량을 발행량보다 많도록 하여 울트라사운드코인이 되는 것을 목표로 설계되었습니다. 하지만 발행량을 숫자로 정확하게 고정시키기보다는 네트워크 이사회의 합의를 통해서 결정하는 구조입니다. 분명한 것은 현재 발행량의 증가는 1차 직선으로 나타나고 있지만, 소각량은 지수함수 형태로 나타나고 있다는 점입니다. 캔톤 네트워크는 많은 부분에서 비밀주의로 운영되고 있지만, 네트워크의 운영에 관한 몇몇 자료들은 웹사이트(https:www.cantonscan.com/)를 통해서 투명하게 공개하고 있습니다. 사이트에 접속하면 캔톤코인의 발행량, 소각량, 활성화 주소, 24시간 동안의 트랜젝션, 밸리데이터에 참여하고 있는 기관, 슈퍼밸리데이터에 참여하고 있는 기관 등에 관한 정보를 누구나 실시간으로 확인할 수 있습니다. 저 같은 개미투자자가 왜 이 코인에 투자할 만한 가치가 있는 지는 이 그래프 하나가 미래의 진실을 말해주고 있다고 생각합니다.

캔톤코인의 발행 축적량 및 소각 축적량 그래프

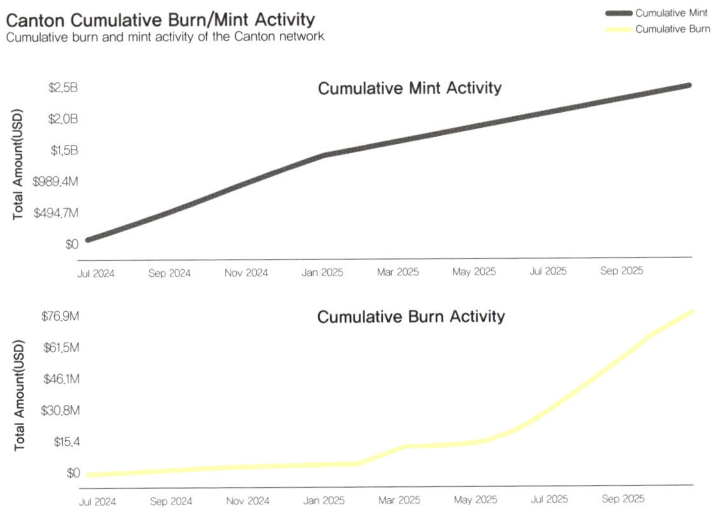

캔톤의 중립국 전략

은행들은 업계의 동업자인 동시에 경쟁자입니다. 그래서 근본적으로 서로를 무한 신뢰할 수 없습니다. 이것이 어찌 보면 프라이빗 블록체인의 최대 딜레마입니다. JP모건은 오닉스(Onyx)를 통해서 RWA 시장을 먼저 선점하겠다고 선언했습니다.[15] 경쟁자인 골드만삭스나 씨티은행 입장에서 오닉스를 쓴다는 건, JP모건이 만든 서버에 내 고객의 장부를 모두 올린다는 뜻입니다. 내 고객의 데이터와 우리 은행의 전략적 포지셔닝을 JP모건이 모두 들여다본다? 생각만 해도 끔찍한 공포입니다.

그런데 캔톤 네트워크를 만든 Digital Asset이나 실질적인 설계자인 DRW는 은행이 아닙니다. 이 회사는 기술 회사이자 트레이딩 회사입니다. 은행의 예금/대출 고객을 뺏어갈 경쟁자가 아닙니다. 또한 캔톤 네트워크의 서버운영과 관리는 마이크로소프트가 담당하고 있습니다.[16] 캔톤 네트워크는 물리적으로도 중립국입니다. 은행들은 마이크로소프트 애저(Azure)에서 버튼 하나만 누르면 캔톤 네트워크에 참여할 수 있습니다. IT의 황제 마이크로소프트가 인프라를 보증하므로, 은행들은 그 어떤 회사보다 데이터에 관한 보안과 관리를 신뢰할 수 있습니다. 심지어 마이크로소프트는 단순한 서버 제공자가 아닙니다. Digital Asset의 초기 전략적 파트너로서 MS의 모든 서비스와 호환되도록 기술적으로 깊게 관여되어 있으며, 자신들도 직접 노드에

15 MARKETSMEDIA(2023. 3.): JP Morgan's Onyx Digital Assets Processes up to $2bn Daily "전통 자산을 온체인(On-chain)화하는 것은 즉각적인 결제와 유동성 확대를 통해 전통 시장을 혁신할 것"이라며, 국채와 현금(JPM Coin)을 넘어 RWA 시장 전반으로 확장하겠다는 계획을 밝혔다.
https:www.marketsmedia.com/jp-morgans-onyx-digital-assets-processes-up-to-2bn-per-day/

16 Investopedia Microsoft, Goldman, Cboe Team Up For Blockchain(2023. 5.) 마이크로소프트(MS)와의 기술적 결합 및 인프라 보증.
https:www.investopedia.com/microsoft-goldman-cboe-help-launch-new-blockchain-7495577

참여하고 있습니다.[17]

캔톤의 네트워크 전략은 또한 느슨한 연대입니다. 중립국인 스위스가 독일어, 프랑스어, 이탈리아어, 로망슈어 등 다양한 언어를 공용어로 사용하듯이, 캔톤은 은행의 모든 장부를 캔톤으로 옮기도록 강요하지 않습니다. 만약 은행의 내부 시스템을 모두 옮겨야 한다면 막대한 시간과 비용이 발생할 것입니다. 은행들은 자기 장부를 그대로 사용하면서 캔톤에서 거래할 자산만 잠깐 동기화해서 체인 위로 올릴 뿐입니다. 따라서 은행들은 자사의 데이터에 대한 완전한 통제권을 그대로 유지할 수 있습니다. 캔톤 네트워크는 은행의 원장 데이터를 저장하는 곳이 아니라, 기관 간의 데이터가 안전하게 흐르도록 만드는 통로역할만 할 뿐입니다. 그렇기 때문에 오닉스를 개발한 JP모건조차도 캔톤 네트워크에 참여했을 뿐만 아니라, Digital Asset의 초기 투자자로 참여했던 것입니다. 여러분이 다 알고 있는 세계 최대 자산운용사인 블래록이 캔톤에 돈을 태운 이유도 여기에 있습니다.

캔톤 네트워크에 참여한 주요 밸리데이터를 보면 26개의 자치구로 구성된 작은 연방국가인 스위스를 뛰어넘는 엄청난 네트워크 확장성에 가슴이 웅장해지지 않을 수가 없습니다. 전 세계 최고의 은행, 자산

17 Binance Square Microsoft Advocates for the Development of a Financial Blockchain(2023. 5.) 캔톤 네트워크는 각 은행이 자신의 데이터를 직접 제어하며, 공통된 인프라(Global Synchronizer)를 통해 연결되는 구조입니다. 이는 MS가 제공하는 안정적인 클라우드 위에서 '중립적 금융 인프라' 역할을 수행할 뿐입니다.
https:www.binance.com/en/square/post/526984

운용사, 증권거래소, 채권거래소, 선물거래소, 기술기업, 크립토 거래소, 유동성 공급회사 등등……. 말 그대로 압도적이라는 표현 말고는 떠오르지가 않습니다.[18] 그런데 바다는 너무나 잔잔합니다. 바람도 불지 않습니다. 오직 물밑에서 분주하게 RWA의 거대한 흐름을 만들고 있을 뿐입니다. 피터 틸이 저에게 **"세상 사람들은 모르는데 자네만 알고 있는 비밀은 무엇이 있나?"**라고 묻는다면 저는 1초의 망설임도 없이 이렇게 이야기할 것입니다. **"캔톤(Canton)"**이라고.

18 DTCC(Depository Trust & Clearing Corporation /중앙예탁기관) Press Release DTCC and Digital Asset Partner to Tokenize DTC-Custodied U.S. Treasury Securities on the Canton Network 세계 최대의 보호예수 기관인 DTCC까지 캔톤 네트워크와 파트너십을 맺으며, 이 인프라가 금융권의 표준이 되고 있음을 보여줍니다.
https:www.dtcc.com/news/2025/december/17/dtcc-and-digital-asset-partner-to-tokenize-dtc-custodied-us-treasury-securities

<Tip> 캔톤 네트워크 핵심 참여 기관 분류

분류	참여 기관	역할 및 의미(Key Role)
핵심 설계자 & 리더 (The Architects)	DRW(돈 윌슨) BlackRock(블랙록)	[Network Owner] • DRW: 창업자이자 최대 주주로서 네트워크의 유동성과 초기 설계를 주도 • 블랙록: 2020년부터 투자자로 참여, RWA 자산을 공급하는 실질적인 물주
글로벌 투자은행 (Tier 1 Banks)	Goldman Sachs (골드만삭스) JP Morgan(JP모건) BNP Paribas(BNP파리바) Citi(씨티은행) Santander(산탄데르)	[Financial Node] • 초기(Series A)부터 참여하여 금융 결제 및 송금망의 노드를 운영하고 검증 • 경쟁 관계임에도 캔톤이라는 '중립 지대'에 모두 모임
거래소 및 결제소 (Exchange & Clearing)	Nasdaq(나스닥) CME Group (시카고상품거래소) The DTCC (미국 예탁결제원) S&P Global BNY Mellon	[Infrastructure Node] • 나스닥/CME: 주식, 파생상품 거래 데이터를 체인에 올림 • DTCC: 미국 내 모든 주식 결제를 담당하는 기관이 참여했다는 것은 '미국 주식 시장의 토큰화'를 의미
마켓 메이커 (Liquidity Providers)	Citadel Securities(시타델) Tradeweb(트레이드웹) IMC, Optiver	[Liquidity Node] • 2025년(Series E)에 대거 합류 • 네트워크 위에서 24시간 호가를 공급하고 거래를 일으키는 실전 플레이어들
빅테크 & IT 기업 (Technology Partners)	Samsung Ventures(삼성벤처투자) Salesforce(세일즈포스) VMware, IBM (Microsoft)	[Tech Node] • 삼성: 모바일 지갑 및 디바이스 연동 가능성 • 세일즈포스/IBM: 기업용 솔루션 및 클라우드 인프라 연결 지원

비밀스럽고 조용하게 CC코인을 매집한다, THAR

돈 윌슨은 이름도 생소한 바이오 기업인 타이뮨(Tharimmune, 티커명: THAR, 이하 THAR로 표기)에 5억 4천만 달러를 투자했습니다. 11월 3일 타이뮨은 단순한 바이오 기업에서 CC코인을 전략적으로 매집하는 회사로 피벗했습니다. 시가총액이 1억 달러가 안 되는 작은 바이오기업에 시가총액보다 6배가량이나 되는 막대한 자금이 수혈된 것입니다. 이 투자에는 DRW, Liberty City Ventures, **ARK Invest(캐시 우드)**, Polychain Capital, Tradeweb, Kraken, Digital Asset, Broadridge, Bitwave, Clear Street, Copper, Kenetic, Lukka 등이 참여했습니다.

비트코인을 매집하는 MSTR이나 이더리움을 매집하는 BMNR과 달리 THAR은 CC코인의 매집량을 전혀 공표하지 않고 있습니다. 그뿐만 아니라 유상증자에 참여한 기관들의 지분률에 대해서도 명확하게 공개하고 있지 않습니다. SEC규정상 상장 기업의 지분을 5% 이상 취득하게 되면 실질적인 경영권 참여의 경우에는 10일 이내에, 단순 투자목적의 경우에는 45일 이내에 공시해야 할 의무가 있습니다. 그런데 THAR의 시가총액은 1억 달러도 되지 않는 것으로 공시하고 있습니다. 따라서 이들은 철저하게 자신의 존재를 숨기기 위해 직접 주식을 매수한 것이 아니라, 선지급 워런트(돈을 먼저 납입하고 나중에 주식을 양도받는 것)의 형태로 투자했을 가능성이 매우 높습니다.

THAR은 이더질라처럼 티커명을 변경하지도 않았습니다. 마치 아무 일도 일어나지 않고 있는 것처럼 철저하게 보안을 유지하려는 것처럼 보입니다. 제가 지인에게 THAR을 소개하자 당장 이런 반응이 돌아왔습니다. "아니 망해가는 바이오기업에 왜 투자를 해?" 하지만 그들은 은밀하게 이미 THAR을 장악했습니다. 새롭게 CEO로 취임한 마크 웬들랜드(Mark Wendland)는 DRW의 파트너이자 COO 출신입니다. 돈 월슨의 오른팔급 인사를 내려 보냈습니다. 의장을 맡은 마크 투미(Mark Toomey)는 리드 투자자인 Liberty City Ventures의 임원 출신입니다.

그들이 철저하고 은밀하게 작전을 수행하는 이유는 더 적은 비용으로 더 많은 CC코인을 매집해야 하기 때문으로 보입니다. CC코인의 현재 가격과 이들이 보유한 현금을 고려하면 THAR은 대략 10% 내외 (12월 현재 CC코인의 시총이 약 27억 달러이므로) CC코인을 매집할 수 있을 것으로 보입니다. 이더리움을 매집하는 BMNR의 매집 목표가 5%인 것을 감안하면 엄청난 수치임에 틀림이 없습니다. 언론에 나와서 인터뷰하기 좋아하는 그 유명한 캐시우드도 THAR에 관해서는 침묵하고 있습니다. 마치 엠바고가 내려진 것처럼 캔톤 네트워크에 관해 보도하는 뉴스도 없습니다. 유명 인플루언서들의 분석이나 유튜버들의 홍보도 없습니다. 거래소 상장을 축하하는 화려한 에어드롭 이벤트도 없었습니다. 가장 많은 CC코인을 보유한 THAR은 캔톤 네트워크에서 가장 거대한 밸리데이터로서 가장 많은 신규 CC코인을 보상으로 받게 될 것입니다.

그 조용한 바다를 향해 한국의 이름 없는 코린이 아빠가 홀로 외치고 있습니다. "월스트리트에서 RWA라는 거대한 파도가 몰려옵니다.

캔톤 네트워크가 그 쓰나미를 준비하고 있어요. 모두들 대피하세요 ~~~" (하지만 아무도 주의 깊게 들으려 하지 않습니다. 어느 스캠 코인에 빠진 불쌍한 50대 아저씨로 보고 있을 테지요.) 그들이 준비가 되고 스위치를 누르면 캐시우드가 마이크를 잡고 직접 방송을 하기 시작할 겁니다. 그제야 대중들은 바닷가로 몰려들겠죠. 이 파도의 크기가 얼마나 거대한지 잘 알지도 못한 채…….

암호화폐의 포식자 컴벌랜드

혹시 '빙산의 일각'이라는 말 좋아하시나요? 우리가 매일 밤잠 설치며 들여다보는 업비트, 바이낸스의 호가창…. 그게 전부는 아닙니다. 아니, 냉정하게 말하면 그건 개미들을 위해 예쁘게 포장된 소매점 진열대에 불과합니다.

진짜 거대한 물량, 시장의 가격을 결정하는 도매급 거래는 수면 아래에서 은밀하게 이뤄집니다. 그리고 그 깊고 어두운 심해의 주인이 바로 돈 윌슨이 만든 괴물, **'컴벌랜드(Cumberland)'**입니다.

시계를 2014년으로 돌려봅시다. 당시 비트코인은 뭐였나요? 마약 거래나 하는 범죄자들의 돈, 아니면 곧 사라질 인터넷 장난감 취급을 받았습니다. 월스트리트의 엘리트들은 코웃음을 쳤죠. 그런데 우리의 '돈 윌슨' 형님은 달랐습니다. 그는 이미 2012년부터 비트코인을 채굴하고 연구했습니다. 그리고 2014년, 시카고에 덜컥 '컴벌랜드'라는 회사를 세웁니다.

"이제부터 우리는 비트코인을 사고팝니다. 그것도 아주, 아주 많이요."

남들이 "이거 사기 아니야?"라고 의심할 때, 그는 "이건 미래의 자산이야."라고 확신하며 시장의 유동성을 독점할 준비를 마친 겁니다. 이게 바로 10년을 앞서가는 천재의 선견지명 아니겠습니까?

많은 분들이 묻습니다. "컴벌랜드? 업비트 같은 거래소인가요? 가입은 어디서 해요?" 죄송하지만, 여러분은 가입 못 합니다. 저도 못 합니다. 컴벌랜드는 일반 개인을 상대하지 않습니다. 이곳은 최소 수십억, 수백억 원을 한 번에 거래하는 기관, 헤지펀드, 그리고 초고액 자산가들만 입장할 수 있는 OTC(장외거래) 데스크입니다.

쉽게 비유하자면, 우리가 마트에서 캔맥주 하나 살 때 가격표 보고 사죠? 그게 업비트입니다. 하지만 맥주 공장에서 트럭째로 물건을 떼어오는 도매상들은 가격표를 보지 않습니다. "사장님, 오늘 물량 100트럭 필요한데, 얼마까지 맞춰줄 수 있어?" 하고 전화를 걸죠. 그게 바로 컴벌랜드입니다.

이들은 거래소 밖에서 은밀하게 거래를 성사시킵니다. 그래서 고래가 비트코인 1,000개를 팔아도 업비트 차트에는 빨간불(하락)이 들어오지 않습니다. 시장에 충격을 주지 않고 거대한 물량을 소화해 주는 충격 흡수 장치이자, 사실상 가격의 기준점을 제시하는 심판인 셈입니다. 블랙록 EFT와 같이 대량의 물량을 거래하는 월가의 큰손들은 비트코인을 컴벌랜드 같은 유동성 공급자로부터 구매한다고 합니다.

자, 이제 퍼즐을 맞춰봅시다. 돈 윌슨은 왜 2014년부터 컴벌랜드를 키웠을까요? 단순히 비트코인 사고팔아서 돈 벌려고? 그건 하수들의 생각일 수 있습니다.

그의 큰 그림(Big Picture)은 바로 '캔톤 네트워크'였습니다. 기관들이 쓰는 블록체인인 캔톤이 돌아가려면, 그 안에서 막대한 자금이 흘러야 합니다. 그 유동성을 누가 공급할까요? 네, 바로 형제 회사인 컴벌랜드입니다. 컴벌랜드가 지난 10년 동안 쌓아온 막대한 암호화폐 보유량과 마켓 메이킹 능력, 그것이 고스란히 캔톤 네트워크의 초기 연료가 될 것입니다. 남들이 맨땅에 헤딩할 때, 돈 윌슨은 이미 연료 탱크를 꽉 채워놓고 엔진(캔톤) 시동을 건 겁니다.

THAR이 제도권 위에서 움직이는 CC코인의 중앙은행이라면, 컴벌랜드는 그 지하에서 각종 기관들과 연결되어 유동성을 공급하는 고속전철과 같은 역할을 수행합니다. **땅 위에서는 THAR이, 땅 아래에서는 컴벌랜드가 CC코인의 유동성을 좌지우지**하게 될 것입니다.

속도광 돈 윌슨의 선택은 솔라나와 캔톤이었다

여러분, 월스트리트의 거물들은 주말에 뭘 할까요? 보통은 골프를 치거나 와이너리에서 느긋하게 시간을 보낸다고 생각하시죠? 하지만 DRW의 돈 윌슨은 다릅니다. 그는 주말이면 바다로 나갑니다. 그런데 그가 타는 배는 낭만적인 초호화 유람선이 아닙니다. 'M32'라고 불리는, 탄소 섬유(Carbon Fiber)로 만든 초경량 레이싱 요트(Catamaran)입니다.

이 요트는 바람을 타면 물 위로 붕 떠서 시속 30노트(약 56㎞/h)가 넘는 속도로 바다를 가른다고 합니다. 조금만 방심해도 전복될 수 있는 극한의 스피드, 0.1초의 판단으로 승부가 갈리는 그 짜릿함. 돈 윌슨은 세계 챔피언십에서 우승까지 한 진짜 '속도광(Speed Freak)'입니다. (이쯤 되면 제가 돈 윌슨의 스토커 아니겠습니까? 찾을 수 있는 자료는 다 찾았습니다.)

저는 여기서 무릎을 탁 쳤습니다. **"아, 이 사람은 뼛속까지 레이서구나. 느린 건 죽어도 못 참는 사람이구나!"**

돈 윌슨이 세운 회사 DRW는 '고빈도 매매(HFT)'의 전설로 알려져 있습니다. 남들보다 100만 분의 1초라도 빨리 주문을 넣어서 수익을 낚아채는 게 그들의 주특기라고 합니다. 그런 그의 눈에 초기 블록체인 시장은 어떻게 보였을까요? 비트코인? 10분에 블록 하나? 속 터져서 못 씁니다. 이더리움? 가스비는 비싼데 초당 15건 처리? 금융용으로는 답이 안 나오는 '거북이'였을 겁니다.

카본 요트를 타고 바다를 날아다니는 그에게, 이더리움은 무겁고 느려 터진 나무 뗏목처럼 보였을지도 모릅니다. 그래서 그는 자신의 입

맛에 맞는 '페라리'를 찾기 시작했습니다.

돈 윌슨의 자회사인 컴벌랜드는 대중과 개미투자자들을 위한 차세대 블록체인으로 이더리움이 아닌 솔라나를 선택했습니다. 바로 '속도' 때문입니다. 솔라나는 퍼블릭 블록체인계의 카본 요트입니다. 가볍고, 빠르고, 수수료가 쌉니다. 초당 수만 건의 거래를 처리할 수 있는 이 미친 속도만이, 돈 윌슨이 생각하는 글로벌 24시간 트레이딩을 감당할 수 있습니다.

2024년 SEC가 컴벌랜드를 고소하면서 "너네 왜 등록도 안 하고 솔라나(SOL) 같은 증권을 팔았어?"라고 공격했습니다. 보통의 회사라면 "죄송합니다, 벌금 낼게요." 하고 솔라나 상장 폐지시키고 도망갔을 겁니다. 하지만 돈 윌슨은 끝까지 싸웠습니다. 그리고 결국 SEC는 스스로 소송을 취하하고 말았습니다. 돈 윌슨과 솔라나의 승리였습니다.

하지만 기관들의 거래는 속도만 빨라서는 안 됩니다. 보안과 프라이버시가 생명이죠. 그래서 그는 프라이빗 영역을 위해 직접 칼을 뽑아 들었습니다. 바로 캔톤 네트워크입니다. 캔톤은 돈 윌슨의 철학이 집대성된 결정체입니다. 가장 빠르면서, 가장 안전하고, 가장 규제 친화적이어야 합니다.

그는 캔톤을 통해 전 세계 금융 시장을 '실시간(Real-time)'으로 바꿔버리고 싶은 겁니다. 주식, 채권, 금, 비트코인이 단 1초의 지체도 없이 전 세계를 돌아다니는 세상. 그것이 속도광 돈 윌슨이 꿈꾸는 RWA의 미래입니다.

돈 윌슨, 심판이 선수로 뛴다

2013년 미국 상품선물거래위원회(CFTC)가 DRW를 상대로 '시세 조종(Market Manipulation)' 혐의로 소송을 걸었습니다. 보통의 금융사라면 벌금 내고 합의했을 테지만 돈 윌슨은 달랐습니다. 그는 "우리는 시장을 조작한 게 아니라, 남들보다 똑똑해서(Smarter) 가격의 불균형을 찾은 것이다."라며 끝까지 싸웠습니다. 그 결과 법원은 "남들보다 더 나은 모델로 가격을 예측하고 거래하는 것은 불법이 아니다."라며 돈 윌슨의 손을 들어줬습니다. 규제 당국과 정면으로 싸워서 가이드라인이 잘못됐다고 규정을 고쳐버린 인물입니다. 이 판결은 시장 조작의 정의 자체를 바꿔버린 기념비적인 사건이 되었습니다.[19]

2024년 이번엔 증권거래위원회(SEC)가 DRW의 자회사 컴벌랜드를 '미등록 딜러' 혐의로 기소했습니다. 하지만 돈 윌슨 측은 "등록할 방법도 안 만들어놓고 무조건 불법이라고 하면 어떡하냐?"라며 논리적으로 반박을 했고, SEC는 법적 승산이 없다고 판단하여 스스로 소

19 Reuters(2018. 12.): U.S. judge rules for DRW, founder Wilson in CFTC manipulation case: 핵심 내용: 5년간의 법정 다툼 끝에 돈 윌슨이 승리했다는 소식을 전하며, CFTC의 시세 조종 주장을 "터무니없다(Absurd)"고 표현한 판결 내용을 담고 있습니다.
https:www.reuters.com/article/markets/us-cftc-loses-case-against-prominent-trader-donald-wilson-drw-idUSL1N1Y81ID/

송을 취하했습니다.[20]

이후로 CFTC와 SEC는 규제를 논의할 때 돈 윌슨을 공식 패널로 초청하여 의견을 듣게 되었습니다. 최근 2025년 10월 21일, 미국 연방준비제도 이사회(Federal Reserve Board)가 주최한 '결제 혁신 컨퍼런스(Payments Innovation Conference)'에도 돈 윌슨은 공식 패널로 초청받았습니다. 주제는 암호화폐와 토큰화된 시스템을 포함한 미래 결제 시스템에 관한 것이었습니다. 여기에는 블랙록의 COO인 롭 골드스타인(Rob Goldstein), 프랭클린 탬플턴의 제

20 Kobre & Kim 공식분석 자료(2005. 3.): Kobre & Kim Secures Dismissal of SEC's Suit Against Cumberland DRW LLC 2013년 CFTC와의 싸움에서 승리했던 것과 마찬가지로, 돈 윌슨은 규제 당국의 불합리한 잣대를 법적으로 무력화시켰습니다.
https:kobrekim.com/news/firm-news/kobre-and-kim-secures-dismissal-of-sec-s-suit-against-cumberland-drw-llc

21 미 연준 '결제 혁신 컨퍼런스'(Official Panelist 2025. 10.) 미국 연방준비제도 이사회(FRB)가 워싱턴 D.C. 본부에서 개최한 "Payments Innovation Conference"에 돈 윌슨은 공식 패널로 초청받았습니다.
- 주제: 토큰화된 상품(Tokenized Products)과 미래 결제 시스템.
- 패널 구성: 돈 윌슨은 블랙록(BlackRock)의 COO 롭 골드스타인(Rob Goldstein), 프랭클린 템플턴(Franklin Templeton)의 CEO 제니 존슨(Jenny Johnson), JP모건 키넥시스(JPM Kinexys)의 카라 케네디(Kara Kennedy) 등 세계 금융 거물들과 어깨를 나란히 하며 토론했습니다.
- 발언 요지: 그는 Canton 블록체인과 USDC 등을 활용한 '원자적 결제(Atomic Settlement)'와 자산 토큰화가 어떻게 실금융의 문제를 해결하고 자본 효율성을 높이는지에 대해 발표했습니다.

https:www.federalreserve.gov/mediacenter/files/payments-conference-panel-4-transcript.pdf

니 존슨(Jenny Johnson), JP모건의 카라 케네디(Kara Kennedy) 등이 패널로 참여했습니다. 크리스토퍼 월러 연준 이사가 개회사를 한 회의에서 돈 윌슨은 캔톤 네트워크와 같은 허가형 블록체인이 왜 RWA의 표준이 되어야 하는 지에 대해서 역설했습니다.[21] (이날 발언 내용을 모두 읽어본 저로서는 소름 돋지 않을 수 없었습니다. 함께 참여한 패널들의 반응은 대부분 이랬습니다. 맞습니다!)

그뿐만 아니라 돈 윌슨은 FIA PTG(Principal Traders Group)를 설립했습니다. 이 단체는 고빈도 매매(HFT) 회사들의 주요 트레이더 그룹이며, 그는 초대 의장을 맡았습니다. 이 단체는 워싱턴 정가와 규제 당국에 막강한 로비력을 행사하며, 알고리즘 트레이딩에 유리한 방향으로 규제가 만들어지도록 영향력을 끼치고 있습니다.

이런 규제당국의 가이드라인에 막강한 영향력을 행사하는 심판과 같은 돈 윌슨이 본인이 직접 설계한 시스템에서, 본인이 직접 출자한 THAR이란 회사로, 본인이 만든 CC코인을 매집하고 있습니다. 혼자서 구단주에, 심판에, 감독에, 선수까지…. 50 평생 살면서 이런 캐릭터는 지금까지 본 적이 없는 것 같습니다. 호날두보다 더한 욕심쟁이!

내러티브가 아닌 데이터에 투자하다

이더리움, 솔라나, 리플 XRP, 아발란체, 오닉스 등 RWA의 주인공이 되겠다는 프로젝트들이 많이 있습니다. 하지만 일회성 테스트에 그치거나, 내러티브에 불과한 경우가 많습니다. 하지만 캔톤은 다릅니다. 캔톤 네트워크의 브로드리지(Broadridge)가 운용하는 DLR(Distributed Ledger Repo) 플랫폼이 이미 캔톤 위에서 돌아가고 있습니다. 레포 거래란 기관들끼리 채권 등의 담보자산을 맡기고 현금성 자산을 단기로 빌려오는 거래입니다. 캔톤 네트워크에서는 매주 수십조 원 규모의 레포 거래가 실제로 체결되고 있습니다. 담보가 이동되는 거래에서 캔톤은 실질적인 성과를 보여주고 있지만, 전체 시장규모에 비하면 (제미나이 3 Pro의 분석에 따르면) 시정점유율은 아직 6%를 넘지 않는 것으로 예측하고 있습니다.[22]

2025년 12월 17일에는 더 엄청난 소식이 전해졌습니다. 미국 증권거래소(SEC)는 미국 예탁결재원(DTCC)이 미국 국채를 토큰으로 만들어서 캔톤 네트워크에서 발행하는 데에 관한 법률적인 검토의뢰서에 대하여 '비조치 의견서'를 받았다는 뉴스가 떴습니다. 이는 실질적으로 규제 당국으로부터 프리패스를 받았다는 것을 의미합니다. 이에 따라서 2026년부터 본격적으로 DTCC는 캔톤 네트워크 위에서

22 Broadridge 공식 발표(2025. 10.) Broadridge's Distributed Ledger Repo Platform Processes $339 Billion in Average Daily Trade Volumes in September: 2025년 9월 기준 일일 평균 거래량 3,390억 달러는 전체 미국 REPO 시장의 3% 미만에 해당한다는 공식 언급입니다. 또한 브로드리지 DLR의 거래량은 전년 대비 466% 이상 폭발적으로 성장하고 있으나, 전체 레포 시장(매일 약 14~15조 달러가 움직이는 거대 시장)의 규모가 워낙 압도적이기 때문에, 현재의 기록적인 성장세에도 불구하고 전체 시장의 6% 벽을 넘으려면 아직 시간이 더 필요하다는 것이 전문가들의 중론입니다.
https:www.broadridge-ir.com/news/news-details/2025/Broadridges-Distributed-Ledger-Repo-Platform-Processes-339-Billion-in-Average-Daily-Trade-Volumes-in-September/default.aspx

실제 미국 국채를 토큰화하여 발행하기 시작할 것으로 예상됩니다. DTCC는 미국 주식, 채권, 파생상품의 모든 거래를 최종 정산하는 기관입니다. 그런 DTCC가 캔톤 네트워크를 선택했다는 것은, 캔톤이 이미 규제당국으로부터 RWA의 표준으로 인가를 받았다는 것을 의미합니다.[23]

아직도 CC코인을 스캠코인, 혹은 잡알트코인으로 알고 있는, CC코인 매집회사인 THAR을 망해가는 바이오 회사로 잘못 알고 있는 수많은 개미투자자들에게 저는 조용하게 진실을 알리고 싶었습니다.

개미투자자 여러분, 여러분이 올라타야 할 인생 역전의 사다리가 바로 여기에 있습니다~~~

이더리움은 WRA 경쟁에서 완전히 끝난 걸까?

제가 생각하는 결론부터 미리 말씀드리겠습니다. 죽지는 않겠지만 RWA의 패권전쟁에서는 이미 완패했다고 봅니다. 이더리움 네트워크

23 DTCC press release(2025. 12.) DTCC and Digital Asset Partner to Tokenize DTC-Custodied U.S. Treasury Securities on the Canton Network DTCC가 캔톤 네트워크를 활용해 미국채를 토큰화하기 위한 전략적 파트너십을 체결했다는 내용입니다. 프랭크 라 살라(Frank La Salla) DTCC CEO는 이를 "전통 금융과 디지털 금융 시스템을 원활하게 연결하는 전략적 진전"이라고 정의했습니다.
https:www.dtcc.com/news/2025/december/17/dtcc-and-digital-asset-partner-to-tokenize-dtc-custodied-us-treasury-securities

는 일반 개미들이 여전히 많이 모여 있기 때문에 RWA 자산이 유통되는 소매시장의 역할을 할 가능성이 높다고 보입니다. 하지만 비탈릭 부테린이 기대했던 것처럼 맨해튼 같은 고부가가치 땅이 되기엔 진짜 부자들의 니즈를 제대로 반영하고 있지 않다고 보입니다. 쉽게 비유를 하자면 골프장을 생각해 보시면 되겠습니다. 이더리움은 누구나 저렴한 비용으로 이용 가능한 동네 퍼블릭 골프장입니다. 너무 붐비기도 하고, 소란스러우며, 가끔 사고도 발생할 수 있습니다. 하지만 캔톤은 초호화 회원제 프라이빗 골프장입니다. 단지 돈만 있다고 들어갈 수도 없습니다. 신원이 확실한(KYC 검증)지를 먼저 검토한 다음, 진짜 돈이 많고 신뢰할 만한 기관들만 회원권을 보유할 수 있습니다. 진행 요원들이 참여자들의 프라이버시를 완벽하게 보장하면서 최상의 상태로 잘 관리된 잔디 위에서 샷을 날리게 됩니다.

퍼블릭 골프장도 골프의 대중화를 위해서는 꼭 필요합니다. 스테이블코인이 활성화되어야 미국 국채수요가 많아지는 만큼, 미국은 달러 스테이블 시장이 더 커지도록 지원해야 합니다. 따라서 이더리움의 미래가치는 여전히 긍정적입니다. 다만 그 미래가치가 이미 이더리움 시가총액에는 상당 부분 반영되어 있다고 보입니다. 누가 뭐래도 아직은 비트코인에 이어 시가총액 2위를 차지하고 있으니까요. 하지만 톰 리가 주장하듯 이더리움의 가치가 폭등하여, 비트코인의 시가총액을 넘어서게 될 지는 좀 더 지켜봐야 할 것 같습니다. 이것이 이더리움에 대한 저의 냉정한 평가입니다.

알려진 뉴스에 투자할 것인가? 숨겨진 보물에 투자할 것인가?

자, 이제 캔톤 네트워크에 대해 제가 조사한 비밀들을 여러분께 최대한 공유해 드렸습니다. 여러분은 어디까지가 진실이고, 어디까지가 거짓인지 여러분의 힘으로 검증해 보시길 바랍니다. 저는 여러분의 검증 시간보다 시장에서의 폭발적 반응이 더 느리게 나오길 기원하겠습니다.

캔톤 네트워크는 피터 틸이 《제로 투 원》에서 주장했던 독점의 원리를 그대로 실천해 왔습니다. 캔톤은 Daml이라는 독자적 기술로 월스트리트의 금융문법을 블록체인에 안전하게 담아냈습니다. Daml이 스마트 컨트랙트의 표준으로 자리 잡게 된다면 기술적 락인 효과가 발생하게 되어 캔톤은 시간이 갈수록 독점적 지위를 공고히 할 가능성이 높습니다. 둘째로 캔톤의 네트워크 효과입니다. 캔톤은 이미 프로젝트 이름도 네트워크의 가치를 그대로 담아내고 있습니다. 중립국 전략은 네트워크에 참여하는 기관들이 신뢰하고 거래할 수 있는 토대를 만들었습니다. 그뿐만 아니라 그는 다양한 참여 기관들에게 투자를 개방함으로써 이익을 독점하지 않고 나누고자 했습니다. 셋째로 캔톤은 규모의 경제를 달성합니다. 캔톤은 참여자가 많아져도 가스비 폭등과 같은 병목이 발생하지 않으며, 정산 비용을 낮출 수 있는 요인이 발생합니다. 압도적인 효율성으로 새로운 추격자가 시장에 진입하는 것을 원천적으로 차단할 수 있습니다. 넷째로 캔톤의 브랜드파워는 말할 필요가 없습니다. 이 프로젝트에 참여한 기업들의 면면을 보면, 사실이라고 믿기 어려울 정도입니다. 그럼에도 불구하고 캔톤은 요란하게 떠들어 대지 않습니다. 2025년 12월은 기관들이 새로운 사업을 론칭하는 타이밍이 아니라 2025년 사업을 정리하는 시기이기 때문입니다. 하지만 2026년부터 본격적인 RWA의 시간이 펼쳐지면 시장은 급격하게 요동치기 시작할 것입니다. 어느새 바로 현실이 되어버린 테슬라의 자율주행 택시처럼….

"역설적이겠지만 네트워크 효과가 필요한 사업들은 특히나 더 작은 시장에서 시작해야 한다."라는 《제로 투 원》의 전략을 캔톤은 그대로 실천하고 있습니다. CC코인은 단지 RWA를 위한 거래용 수수료 코인으로 시작되었습니다. 이 코인의 수요자 및 공급자는 월스트리트의 대형 금융기관이라고 생각합니다. 따라서 일반 개미들까지 기관들만 이용하는 코인에 과연 투자할 가치가 있을까? 하는 생각을 하는 분들도 있을 것입니다. 그런데 매우 흥미로운 지점을 하나 말씀드리자면 Digital Asset에 투자한 유일한 한국 기업이 하나 있습니다. 그것은 바로 삼성전자입니다.[24]

24 The Block(2020. 2.) Samsung and Salesforce Ventures join Digital Asset's Series C funding round as Microsoft vet joins its board of directors 디지털 에셋이 시리즈 C 펀딩 라운드에서 삼성 벤처 투자(Samsung Venture Investment Corp)와 세일즈포스 벤처스로부터 투자를 유치했음을 보도했습니다. 당시 마이크로소프트 출신의 베테랑인 수잔 하우스터(Susan Hauser)가 이사회에 합류하던 시점과 맞물려, 삼성이 세일즈포스와 함께 '전략적 기술 투자자'로서 이름을 올렸다는 점이 강조되었습니다.
https:www.theblock.co/linked/54799/samsung-and-salesforce-ventures-join-digital-assets-series-c-funding-round-as-microsoft-vet-joins-its-board-of-directors

삼성은 전 세계 스마트폰 시장에서 아직도 1~2위를 점유하고 있습니다. 삼성 스마트폰은 가장 많은 사람들이 이용하는 전자지갑이 될 가능성이 매우 높습니다. 그런데 캔톤은 자신들의 네트워크에 삼성을 회원으로 받아들였습니다. 이것이 무엇을 의미할까요? 지극히 개인적인 의견으로 캔톤은 단지 금융기관들의 거래를 위한 수수료 코인으로 시작되었지만, 향후 월스트리트가 가장 신뢰하는 울트라사운드머니가 될 가능성이 매우 높다고 보고 있습니다. 모든 금융 거래의 기준은 여전히 디지털 달러가 역할을 수행함으로써 달러패권을 공고히 하는데 캔톤은 봉사하게 될 것입니다. 하지만 단지 거래용 수수료 코인으로 시작된 CC코인은 이더리움과 솔라나가 그렇게도 되고 싶어 했던, 발행량보다 소각량이 많아지면서 점차 희소성이 증가하는 금융자산으로 주목받게 될 것입니다. 이것이 제가 CC코인과 캔톤 네트워크에 대해 전 세계 개미투자자들에게 알려주고 싶은 캔톤의 마지막 비밀입니다.

12월 18일 오후 4시(한국 시간) 현재 CC코인의 가격은 0.075달러이며, THAR 회사의 주가는 2.45달러입니다.

제4부

디지털 화폐전쟁의 미래

법정화폐의 몰락

저는 지금까지 인류가 진짜 돈이라고 생각했던 종이화폐, 즉 '법정화폐'의 수명이 다해 간다고 생각합니다.

여러분도 최근 장바구니 물가가 무섭게 오르는 것을 체감하실 겁니다. 많은 분이 이를 일시적인 불황 탓으로 돌리지만, 저는 이것이 화폐 가치의 영구적인 하락을 알리는 신호라고 봅니다. 왜냐하면, 거스를 수 없는 거대한 세 가지 파도가 기존 화폐경제 시스템을 위협하고 있기 때문입니다.

첫째는 민주주의 시스템과 인구 고령화가 만든 '긴축의 불가능성'입니다. 전 세계적으로 인구는 늙어가고, 복지 지출은 기하급수적으로 늘어나고 있습니다. 하지만 정치인들은 더 이상 허리띠를 졸라매자는 이야기를 할 수 없습니다. 최근 영국과 프랑스에서 벌어진 사태를 떠올려 보십시오. 재정 건전성을 위해 연금 개혁을 시도했던 프랑스 정부는 파리 시내를 뒤덮은 성난 시위대에 직면해야 했습니다. 영국 역시 긴축 재정을 시사하거나 세금을 올리려던 내각이 시민들의 거센 저항과 시장의 반발로 정책을 철회하거나, 정권 자체가 흔들리는 모습을 우리는 목격했습니다.

이것이 시사하는 바는 명확합니다. 민주주의 국가에서 시민들의 고통을 수반하는 '긴축'은 사실상 불가능해졌다는 것입니다. 시민들은 양극화의 책임을 정부로 돌리고 있습니다. 결국 정부가 선택할 수 있는 길은 하나뿐입니다. 국채를 더 찍고, 중앙은행이 돈을 풀어 그 빚을 메꾸는 이른바 양적완화입니다. 38조 달러의 국가부채로 흔들리고 있는 것은 미국뿐만이 아닙니다. 전 세계 대부분의 국가들이 국채를 조달해서 재정적자를 메꾸고 있습니다. 공산당 1당 독재국가인 중국조차도 갈수록 양극화가 심해지고 있으며, 정부부채와 지방자치단체의 부채가 눈덩이처럼 불어나고 있습니다.

둘째, 'AI와 로봇'이 가져올 노동의 종말과 세수의 붕괴입니다. 저는 이 기술적 변화가 화폐 시스템에 치명타가 될 것이라 봅니다. 테슬라의 CEO 일론 머스크(Elon Musk)는 휴머노이드 로봇 '옵티머스'를 소개하며 이렇게 말했습니다. "미래에 육체노동은 선택 사항이 될 것이다. 로봇이 인간을 노동에서 해방시킬 것이다."

겉보기에는 인류에게 축복 같은 말이지만 동시에 재앙이기도 합니다. 노동은 인간의 책임이기도 했지만, 권리이기도 했습니다. 일자리부터 해방되는 것은 좋지만, 더 이상 인간을 위한 일자리도 함께 사라져 갑니다. 또한 국가 재정의 관점에서도 이는 재앙과 같습니다. 지난 수백 년간 국가는 국민의 노동 소득에 세금을 매겨 유지되었습니다. 하지만 로봇은 월급을 받지도, 세금을 내지도 않습니다. 일자리가 사라진 시대, 국가는 국민의 생존을 위해 '기본소득'과 같은 명목으로 막대한 돈을 공급해야 할 것입니다. 노동의 대가가 아닌, 단지 생존을 위해 헬리콥터처럼 뿌려지는 돈에 과연 희소성이 존재할까요? 정치인들은 기본소득으로 표만 얻으면 된다고 생각할 뿐, 재원마련 대책에 대해서는 무능하고 무관심합니다.

셋째, 디지털 달러의 등장과 그 역설입니다. 많은 분이 "그래도 미국 달러는 안전하지 않나?"라고 반문하십니다. 맞습니다. 당분간 달러의 위상은 더 강해질 것입니다. 미국은 누구보다 빠르게 달러를 '스테이블코인' 형태로 디지털화하고 있기 때문입니다. 경제 위기가 닥치면 약소국의 국민들은 자국의 화폐 대신 스마트폰 속의 '디지털 달러'를 선택하는 '디지털 달러라이제이션' 현상이 가속화될 것입니다.

하지만 저는 달러 역시 '가장 늦게 녹아내리는 얼음'일 뿐이라고 생각합니다. 미국의 국가 부채는 이미 38조 달러를 넘어서며 통제 불능의 상태로 치닫고 있습니다. 미국 정부 역시 이 천문학적인 빚을 해결하는 유일한 방법은, 달러를 더 많이 발행하여 부채의 실질 가치를 떨어뜨리는 것뿐입니다.[25]

결국 시간의 차이만 있을 뿐, 모든 법정화폐는 인플레이션이라는 거대한 파도 속에서 가치를 잃어가고 있습니다. 이것이 제가 법정화폐의 몰락을 예견하며, 여러분께 "국가가 보증하는 신용에서, 수학과 코드가 증명하는 불변의 자산으로 이동해야 한다."라고 조심스럽게, 하지만 단호하게 말씀드리는 이유입니다. 세상의 부는 법정화폐가 아닌 비트코인과 같은 에너지화폐나 CC코인과 같은 월스트리트의 자산으로 향하게 될 가능성이 매우 높아 보입니다.

중국의 위안화 CBDC와 미국의 달러 스테이블코인

AI와 로봇 기술이 하루가 다르게 진화하고 있습니다. 영화에서나 보던 빅브라더의 시대가 도래하고 있는 지도 모르겠습니다. 디지털 기술은 국가가 개인의 자유를 통제하기가 역사상 가장 쉬운 세상을 만들어가고 있습니다. 중국을 보세요. 14억 인구를 감시하기 위해 도시 곳곳에 수억 대의 CCTV를 깔아 놓았습니다. 안면 인식 AI가 누가 무단횡단을 하는지, 누구를 만나는지 24시간 감시합니다. 그런데 여기에 화룡점정으로 국가가 모든 돈의 흐름까지 24시간 모니터링하고 통제한다고 생각해보세요. 섬뜩하지 않나요?

중국이 밀고 있는 디지털 위안화(e-CNY) CBDC가 바로 그겁니다. 이 돈은 중국 인민은행의 서버에 꼬리표가 다 붙어 있습니다. 내가 어

---

25 Bipartisan Policy Center) Why the National Debt Matters for the Dollar and Global Economic Strength(2024. 10.) '미국 부채의 급증이 달러의 터무니없는 특권(Exorbitant Privilege)'을 위협하고 있다고 분석합니다. 국가 부채에 대한 투자자들의 신뢰가 꺾이면 달러 수요가 줄어들고, 이는 수입 물가 상승과 달러 가치 하락으로 이어지는 악순환을 초래할 수 있다고 경고합니다. https:bipartisanpolicy.org/explainer/why-the-national-debt-matters-for-the-dollar-and-global-economic-strength/

제 마라탕을 사 먹었는지, 서점에 가서 불온서적을 샀는지, 공산당이 마음만 먹으면 국민 개개인의 사생활을 다 들여다볼 수 있다는 얘기입니다.[26]

여러분이라면 이런 돈을 쓰고 싶으십니까? 아무리 위안화가 국제 무역 결제에서 비중을 높인다고 해도, 세계의 시민들은 바보가 아닙니다. 내 사유재산이, 내 프라이버시가 국가 권력 앞에 발가벗겨지는 화폐를 기축통화로 받아들인다? 어림도 없는 소리입니다. 이것이 제가 중국의 CBDC가 '그들만의 리그'로 끝날 거라고 확신하는 이유입니다.

반면, 미국은 역시 '여우'입니다. 아니, '지니어스'합니다. 그들은 국가가 직접 나서서 감시하는 대신, 디지털 시대에도 '시장'과 '자유'라는 헌법적 가치를 지키려고 하는 것 같습니다. 트럼프대통령은 연방준비위원회의 CBDC를 아예 금지하라는 행정명령에 사인했습니다. 미국은 민간 기업이 발행하는 스테이블코인을 통해 달러의 영토를 넓히는 전략을 택했습니다. 겉으로는 "정부는 개입 안 해, 너희들이 알아서 자유롭게 써."라고 말합니다. 사람들은 본능적으로 감시보다는 자유를,

26 The Wall Street Journal(2021. 3.) Why China's New Digital Currency Raises Privacy Concerns | WSJ 디지털 위안화는 현금의 익명성을 완전히 제거하고 모든 돈의 흐름에 '디지털 흔적'을 남긴다. 중국 정부는 이를 통해 자금 세탁 방지라는 명분을 내세우고 있으나, 실상은 개인이 무엇을 먹고, 무엇을 읽으며, 어디로 이동하는지에 대한 방대한 데이터를 수집하는 체계다. 특히 정부의 의중에 반하는 활동을 하는 개인의 계좌를 즉각 동결하거나 결제를 차단할 수 있는 '프로그래밍 가능한 통제' 기능이 탑재되어 있다.
https:www.youtube.com/watch?v=Y6YLQXM5izM

통제보다는 내 재산의 보호를 선택하게 되어 있습니다. 더욱이 미국에 비해 자국의 화폐 신뢰도가 낮은 저개발국가의 국민들일수록 자국 화폐 대신에 달러 스테이블코인을 갖고 싶어 할 것입니다. 심지어 달러 스테이블코인은 미국 국채와 1:1로 페깅되어 스테이블코인이 발행됨과 동시에 미국 국채가 자동적으로 팔려 나가도록 설계되었습니다. 국채문제도 해결하면서 디지털 화폐 시대의 달러패권까지 이어가는 양수겸장 카드, 그게 바로 달러 스테이블코인입니다.

게다가 미국에게는 중국이 죽었다 깨어나도 못 따라올 '비장의 카드'가 더 있습니다. 바로 전 세계인의 손바닥을 장악한 디지털 플랫폼입니다. 지금 여러분 손에 뭐가 들려 있습니까? 아이폰 아니면 갤럭시죠? 그 안에 들어가는 운영체제, iOS와 안드로이드 누구 겁니까? 미국 겁니다. 유튜브로 영상을 보고, 인스타그램으로 소통하고, 구글로 검색합니다. 우리는 이미 알게 모르게 24시간 미국 기업의 영토 안에서 살고 있습니다.

만약 애플이 "이제부터 아이폰 지갑에서 달러 스테이블코인으로 바로 결제하세요, 수수료는 공짜입니다."라고 선언한다면? 구글이 "유튜브 멤버십, 달러 코인으로 내면 반값!"이라고 한다면? 그 순간, 전 세계 80억 인구는 자국 화폐를 버리고 디지털 달러로 갈아탈 겁니다. 굳이 미국이 항공모함을 보내서 "달러 써!"라고 협박할 필요도 없습니다. 그냥 아이폰과 구글 업데이트 버튼 하나면 끝납니다.

플랫폼을 장악한 자가 룰을 만듭니다. 그리고 그 플랫폼의 주인은 모두 미국 기업입니다. 이것이 바로 미국이 꿈꾸는 '디지털 달러라이제이션(Digital Dollarization)'의 진짜 무서움입니다.

중국이 CCTV로 자국민을 감시하며 '디지털 만리장성'을 쌓을 때, 미국은 아이폰과 구글이라는 '디지털 고속도로'를 깔고 전 세계를 달러의 식민지로 만들고 있습니다. 이 거대한 판에서 승자가 누가 될지는, 이미 답이 나와 있는 것 아닐까요? 우리는 그저 이 흐름을 읽고, 승자의 편에 서 있으면 되는 겁니다.

비트코인을 밀어낸 중국, 비트코인을 품은 미국

역사는 참으로 아이러니합니다. 불과 몇 년 전까지만 해도 전 세계 비트코인 생태계의 황제는 누구였습니까? 바로 중국이었습니다. 전 세계 비트코인 채굴 해시레이트(채굴 능력)의 70% 이상이 중국에 있었습니다. 채굴기 제조사부터 대형 채굴장까지, 비트코인의 심장은 사실상 중국 대륙에서 뛰고 있었습니다. 그런데 시진핑 주석은 2021년, 돌연 이 모든 것을 '불법'으로 규정하고 채굴장의 전원을 내려버렸습니다.

표면적인 이유는 '탄소 배출'이었지만, 진짜 이유는 '자본 통제'였습니다. 중국 부자들이 비트코인을 통해 재산을 해외로 빼돌리는 꼴을 공산당은 눈 뜨고 볼 수 없었던 것이죠. 게다가 자신들이 야심 차게 준비한 디지털 위안화(CBDC)의 성공을 위해서라도, 경쟁자인 비트코인을 싹을 잘라버려야 했습니다. 그렇게 중국은 스스로 비트코인이라는 디지털 황금을 국경 밖으로 쫓아냈습니다.

그 틈을 타서 쾌재를 부른 건 누구였을까요? 바로 미국입니다. 사실 미국 정부와 연준 입장에서도 비트코인은 눈엣가시였습니다. 달러 패권에 도전하는 이 반항아를 어떻게 처리해야 할지 고민이 많았을 겁니다.

미국의 선택은 중국과 정반대였습니다. "금지할 수 없다면, 차라리 우리가 접수한다." 트럼프 대통령은 취임 전부터 "미국을 지구의 암호화폐 수도로 만들겠다."라고 선언했고 , 취임 후에는 비트코인을 '전략적 비축자산'으로 선포했습니다. 물론 세금으로 비트코인을 사겠다는 게 아니라, 범죄 수익으로 압수한 비트코인을 팔지 않고 국가가 보유하겠다는 짠돌이 전략이었지만, 그 상징성은 엄청났습니다.

미국 정부가 드디어 비트코인을 제도권 자산으로 공식 인정했다는 뜻입니다. 더 무서운 건 월스트리트의 움직임이었습니다. 비트코인 현물 ETF가 승인되면서, 이제 비트코인의 가격은 채굴자나 개미투자자들이 정하는 것이 아니라, 블랙록과 피델리티 같은 미국의 거대 자산운용사들이 결정하게 되었습니다.

비트코인 차트를 보십시오. 나스닥이 오르면 비트코인도 오르고, 나스닥이 기침을 하면 비트코인은 몸살을 앓습니다. 상관관계가 소름끼칠 정도로 높아졌습니다. 이것은 비트코인이 더 이상 기존 금융 시스템에 저항하는 디지털 혁명군이 아니라는 증거입니다. 미국은 아주 영리하게 비트코인이라는 야생 늑대에게 목줄을 채워, 월스트리트라는 동물원에서 키우는 가축으로 길들여 버린 것입니다.

결과적으로 어떻게 되었습니까? 중국은 비트코인 채굴과 거래 주도권을 잃었고, 그 패권은 고스란히 미국으로 넘어갔습니다. 중국이 쫓아낸 채굴 업자들은 텍사스로 몰려가 미국의 전기로 비트코인을 캐고 있고, 전 세계 비트코인 거래량과 가격은 뉴욕 증시 개장 시간에 맞춰 춤을 춥니다.

달러에 위협이 된다고 쫓아낸 중국, 달러에 위협이 되니 아예 먹어버린 미국. 이 승부에서 누가 진정한 승자인지는 명확해 보입니다. 미국은 비트코인을 죽이는 대신, 비트코인을 '달러 자산화'시킴으로써 자신들의 금융 제국을 더 견고하게 만들었습니다. 적을 친구로, 아니 내 부하로 만들어버리는 미국의 유연한 실용주의가 디지털 화폐 전쟁에서도 다시 한번 빛을 발한 것입니다.

비트코인의 미래

앞서 말씀드린 대로 저는 경제 전문가가 아닙니다. 그저 밤잠 줄여가며 공부하고, 직접 깨지면서 배운 코린이 아빠일 뿐입니다. 그래서 저는 복잡한 기술적 분석보다는, 상식적인 수준에서 돈의 논리로 비트코인의 미래를 바라보려고 합니다. 제가 주목하는 키워드는 바로 '기회비용(Opportunity Cost)'입니다.

비트코인 회의론자들은 여전히 말합니다. "내재 가치가 0원인데 언젠가 사라질 신기루 아니냐?"라고요. 하지만 제가 보기에 비트코인은 이미 사라지기에는 너무 많은 비용이 들어갔고, 너무 많은 이해관계가 얽혀 버렸으며, 너무 많은 서사를 담고 있습니다.

첫째 물리적, 경제적 기회비용을 생각해 봅시다. 비트코인 하나를 얻기 위해 전 세계의 채굴기들이 지난 15년 동안 쏟아부은 막대한 전기에너지와 컴퓨팅 파워를 떠올려 보십시오. 어떤 사람들은 이를 에너지 낭비라고 비난하지만, 역설적으로 이 막대한 에너지가 비트코인을 절대 0원이 될 수 없는 자산으로 만들었습니다. 금(Gold)이 왜 비쌉니까? 캐내기가 어렵고 막대한 노동력이 들어가기 때문입니다. 비트코인은 디지털 세계에 에너지를 보존해 놓은 '에너지 화폐'입니다. 이미 투입된 이 천문학적인 비용을 0으로 만드는 것은, 자본주의 논리상 불가능에 가깝습니다.

둘째 사회적, 문화적 기회비용입니다. 이제 전 세계 80억 인구 중 스마트폰을 쓰는 사람이라면 누구나 '비트코인=디지털 금'이라는 인식을 가지고 있습니다. 이 거대한 집단 지성과 믿음을 하루아침에 지워버리는 것이 가능할까요? 화폐는 곧 신뢰입니다. 달러가 종잇조각이 아니듯, 비트코인도 전 세계인의 머릿속에 분명한 디지털자산으로 각인된 이상, 이 사회적 합의를 깨트리는 데 드는 비용은 비트코인을 유지하는 비용보다 훨씬 더 클 것입니다.

끝으로 전략적 기회비용입니다. 이것이 바로 미국과 월스트리트가 비트코인을 버릴 수 없는 진짜 이유입니다. 미국은 이미 비트코인 현물 ETF를 승인하며 제도권 안으로 끌어들였습니다. 블랙록과 피델리티 같은 거대 기관들이 고객들에게 비트코인을 팔았습니다. 그런데 이제 와서 비트코인을 망하게 둔다? 그러면 월스트리트의 신뢰도는 바닥으로 추락합니다. 더구나 비트코인은 디지털 시대의 가장 완벽한 담보물이 되어가고 있습니다. 국경을 넘나들 수 있고, 위조가 불가능하며, 언제든 현금화가 가능합니다. 미국이 만약 이 훌륭한 담보물을 걷어찬다면? 중국이나 러시아 같은 경쟁국이 주워 담아 디지털 패권 전쟁의 무기로 쓸 것입니다. 미국 입장에서 비트코인을 버리는 것은 너무나 큰 전략적 손실, 즉 감당할 수 없는 기회비용입니다. 어렵게 길들인 늑대 같은 탈중앙화 화폐를 다시 야생으로 돌려보내야 할 이유가 없어 보입니다.

최근 시장을 뜨겁게 달궜던 마이크로스트레티지(MSTR)의 MSCI 상장 지수 편입 탈락 논란도 이런 맥락에서 봐야 합니다. MSTR은 사실상 비트코인을 대량으로 보유한 지주회사나 다름없습니다. 시장 일각에서는 MSTR이 S&P 편입에 실패하거나 주가가 폭락하면 비트코인 시장 전체가 무너질 거라고 공포를 조장했습니다. 하지만 코린이인 제가 보기엔, 이건 전형적인 월스트리트의 '개미 털기(Shakeout)' 전략이라는 합리적 의심이 듭니다. 월가는 자신들이 물량을 충분히 매집하기 전까지는 가격이 너무 빨리, 너무 높게 오르는 것을 원하지 않습니다. 공포를 조장해서 개인들의 물량을 헐값에 받아내고, MSTR 같은 기업을 적당히 흔들어서 길들이는 과정이 아닐까요? 그들은 절대 자신들의 밥그릇인 비트코인 시장이 망가지도록 두지 않을 겁니다. 다만, 개미들이 쉽게 돈을 벌게 놔두지도 않을 겁니다.

결론적으로 비트코인의 미래는 지루한 우상향 자산이 될 가능성이 높습니다. 과거처럼 하루에 수십 배 오르는 대박의 꿈은 사라질지 모릅니다. 대신 월스트리트의 통제하에, 금(Gold)처럼 아주 무겁고 안정적으로, 하지만 확실하게 우상향하는 자산이 될 것입니다. 미국과 월스트리트가 이미 너무 많은 기회비용을 지불했기 때문입니다. 그들은 절대 손해 보는 장사를 하지 않습니다.

2026 알트코인 대멸종의 시작

솔직하게 말해봅시다. 지금까지 알트코인 시장은 거대한 실험실이자, 탐욕의 경연장이었습니다. "이 코인은 게임 체인저가 될 겁니다." "이 코인은 전송 속도가 0.0001초로 엄청 빠릅니다." 수많은 재단이 기술적 우위를 자랑하며 등장했지만, 묻고 싶습니다. 그래서 그 기술로 실제로 세상이 바뀌었습니까? 대부분은 그저 상장 빔을 쏘고 개미들에게 물량을 넘긴 뒤 사라지는 폰지 사기에 가까웠습니다.

왜 이런 일이 가능했을까요? 규제의 공백과 대안의 부재 때문이었습니다. 믿을 만한 기업이 코인을 안 만드니, 우리는 이름 모를 벤처기업이 만든 코인에라도 희망을 걸어야 했습니다. 하지만 2026년, 이 파티는 끝날 것입니다. 진짜 포식자, 미국의 빅테크(Big Tech)가 이제 크립토 식탁에 앉기 때문입니다.

애플코인 vs 서클(USDC) 게임이 될까요? 현재 달러 스테이블코인 시장의 강자는 테더(USDT)와 서클(USDC)입니다. 훌륭한 기업들이죠. 하지만 애플이 참전한다면 이야기가 달라집니다. 전 세계 20억 개가 넘는 아이폰이 활성화되어 있습니다. 애플은 애플페이라는 강력한 결제망과 보안 칩(Secure Enclave)이라는 하드웨어 지갑을 이미 다

깔아 놨습니다.

만약 애플이 이제부터 아이폰끼리는 수수료 없이 애플 코인으로 송금하세요. 이건 100% 달러와 연동된다고 선언한다면? 굳이 복잡한 거래소 가입하고, 지갑 주소 복사해서 USDC를 보낼 사람이 몇이나 될까요? 애플 생태계 안에서 나고 자란 세대는 서클이라는 회사가 존재하는지조차 모르게 될 겁니다. 애플의 폐쇄적인 독점 전략 앞에서 기존 코인 기업들은 생존을 걱정해야 할 처지가 될 수도 있습니다.

구글도 크립토 시장에 참전을 선포했습니다. 구글이 최근 발표한(가상 시나리오) 'GCUL' 프로젝트를 보십시오. 구글 검색, 안드로이드, 그리고 무엇보다 유튜브라는 막강한 무기가 있습니다. 지금 유튜버들에게 후원하려면 복잡한 과정을 거쳐야 하거나 수수료를 많이 떼입니다. 구글코인으로 결재하면 수수료 없이 결재가 가능하다는 이벤트를 단 몇 개월만이라도 하게 된다면? 전 세계 콘텐츠 시장의 화폐는 순식간에 구글코인으로 통일될 것입니다. 검색 데이터를 장악한 구글이, 이제는 돈의 흐름 데이터까지 독점하게 되는 것입니다.

화폐는 기술이 해자가 아닙니다. 바로 '신뢰'가 해자입니다. 많은 알트코인 개발자들이 착각하는 게 있습니다. "우리 블록체인 기술이 더 뛰어나니까 성공할 거야." 천만의 말씀입니다. 블록체인 코드는 널려 있습니다. 대학생도 며칠이면 코인 하나 뚝딱 만듭니다. 기술은 더 이상 경쟁력이 아닙니다. 진짜 경쟁력은 '누가 발행했느냐' 하는 신뢰입니다. 이름도 처음 들어보는 재단이 만든 코인 vs 현금 200조 원을 쌓아둔 애플이 보증하는 코인. 해킹당하면 "죄송합니다." 하고 잠적하는 재단 vs 문제가 생기면 즉각 보상해 줄 수 있는 구글. 대중의 선택은 뻔합니다. 사람들은 블록체인의 탈중앙화 철학 따위엔 관심이 없습니다. 내 돈이 안전하고, 쓰기 편하면 그만입니다.

저는 2026년부터 99%의 알트코인은 결국 대멸종으로 귀결될 수밖에 없다고 생각합니다. 규제 당국의 이해관계도 맞닿아 있다고 보입니다. 관리하기 힘든 수만 개의 잡코인보다는, 말 잘 듣고 세금 잘 내는 빅테크 기업 몇 개만 남겨두고 싶어 하지 않을까요?

결국 살아남는 것은 비트코인(디지털 금)과, 빅테크가 인프라로 선택한 소수의 코인(이더리움, 솔라나 등) 그리고 월스트리트가 10년 이상을 준비한 캔톤 뿐일 겁니다. 나머지는 박물관으로 가거나 휴지 조각이 될 운명입니다. 그러니 부디 "이 코인이 제2의 비트코인이다."라는 내러티브에 속지 마십시오. 진짜 미래는 실리콘밸리의 거인들과 월스트리트의 거인들이 접수를 예고하고 있으니까요.

디지털 오일 전쟁, 실리콘밸리의 이더리움 vs 월스트리트의 캔톤

알트코인의 대멸종이 예고된 지금, 과연 최후까지 살아남아 미래의 디지털 경제를 돌리는 진짜 디지털 오일은 누가 될까요? 이 질문에 답을 찾기 위해서는 미국의 지도를 펼쳐놓고 권력의 지형도를 살펴봐야 합니다. 미국의 패권은 크게 두 축으로 나뉘어 있습니다. 서부 캘리포니아를 중심으로 한 실리콘밸리의 기술 권력(Tech Power), 그리고 동부 뉴욕을 중심으로 한 월스트리트의 자본 권력(Money Power)입니다. 지금 이 두 거인은 각자의 운명을 걸고 서로 다른 디지털 오일을 선택했습니다. 이 싸움의 승자가 21세기의 록펠러가 될 것입니다.

먼저 서부의 챔피언은 페이팔 마피아의 대부이자 투자의 귀재인 피터 틸입니다. 그가 선택한 미래는 바로 이더리움입니다. 피터 틸은 일찍이 비탈릭 부테린이라는 천재 소년의 재능을 알아봤습니다. 그는 틸 펠로우십(Thiel Fellowship)이라는 장학금을 주며 비탈릭이 대학을 중퇴하고 이더리움 개발에 전념할 수 있도록 지원했습니다. 즉, 이더리움의 탄생 뒤에는 실리콘밸리의 거인이 서 있었던 셈입니다. 서부의 철학은 허락받지 않는 혁신입니다. 누구나 자유롭게 들어와서 앱을 만들고 코드를 짤 수 있는 개방된 세상, 이것이 바로 이더리움이 지향하는 월드 컴퓨터의 비전입니다. 피터 틸은 이러한 비전을 믿기에 파운더즈 펀드를 통해 비트마인(BMNR)과 같은 기업을 앞세워 이더리움을 전략적으로 매집해 왔던 것입니다. 그는 이더리움이 인터넷 시대의 TCP/IP 프로토콜처럼, 디지털 세상의 기본 운영체제가 될 것이라 확신하고 있습니다.

하지만 이더리움에는 동부의 월스트리트가 결코 받아들일 수 없는 치명적인 약점이 있었습니다. 바로 지나친 투명성입니다. 이더리움 네트워크에서는 옆집 철수가 영희에게 얼마를 보냈는지 전 세계가 다 들여다볼 수 있습니다. 과연 골드만삭스나 JP모건이 자신들의 수조 원짜리 채권 거래 전략이 실시간으로 노출되는 이더리움 위에서 거래를 하고 싶을까요? 서부의 ‘개방성’은 동부의 ‘보안’ 기준에는 맞지 않는 옷이었던 겁니다.

그래서 동부의 챔피언, 시카고와 뉴욕을 장악한 천재 트레이더 돈 윌슨은 다른 길을 택했습니다. 그가 지난 10여 년 동안 공들여 깎아 만든 무기는 바로 캔톤 네트워크입니다. 돈 윌슨은 DRW를 이끄는 정통 금융맨이자 수학적 모델로 시장을 이기는 퀀트 트레이더입니다. 그는 리브라의 실패를 목격하며, 국가와 규제에 정면으로 도전해서는 승산이 없다는 것을 깨달았습니다. 동부의 철학은 '통제와 신뢰'입니다. 캔톤은 아무나 들어올 수 없는 기관 전용 프라이빗 클럽입니다. 검증된 기관만이 참여하고, 철저하게 프라이버시가 보장된 방에서 거래가 이루어집니다.

돈 윌슨은 이 거대한 프로젝트를 혼자 진행하지 않았습니다. JP모건, 골드만삭스, 블랙록, 그리고 나스닥과 S&P 같은 동부의 어벤져스를 모두 주주이자 파트너로 태웠습니다. 캔톤은 단순한 기술 회사가 아니라 월스트리트 그 자체인 것입니다. 주식, 채권, 파생상품 등 RWA(실물자산)가 안전하게 올라탈 수 있는 유일한 대안은 결국 법적 구속력이 있는 스마트 컨트랙트 언어(Daml)를 사용하는 캔톤뿐입니다.

그렇다면 과연 누가 진짜 디지털 오일이 될까요? 저는 그 역할을 이렇게 나누어 봅니다. 이더리움은 대중적 휘발유(Gasoline)입니다. 누구나 주유소에서 넣을 수 있고, 일반 승용차들이 타고 다닙니다. 즉, 전 세계 수십억 명의 개미들이 사용하는 스테이블코인 송금, NFT, 게임 등 B2C(소매 금융) 시장의 표준 오일은 이더리움이 될 것입니다.

반면, 캔톤의 CC코인은 항공유(Jet Fuel) 혹은 원자력 연료입니다.

거대한 항공모함이나 항공기를 움직이는 데 사용되며, 일반인들은 구경조차 하기 힘듭니다. 수천조 원이 오가는 국채, 파생상품, 기관 간의 레포(Repo) 거래 등 B2B(기관 금융) 시장의 오일은 캔톤이 독점하게 될 것입니다.

서부의 이더리움은 이미 모두가 아는 대중적인 오일이 되었습니다. 그만큼 시가총액도 무겁고 경쟁도 치열합니다. 하지만 동부의 캔톤은 이제 막 파이프라인을 깔고 있는 '숨겨진 유전'과 같습니다. 월스트리트가 RWA라는 거대한 이주를 시작할 때, 그들이 자신들의 소중한 자산을 이더리움이라는 덜컹거리는 트럭에 실을까요, 아니면 자신들이 직접 설계한 캔톤이라는 초고속 열차에 실을까요?

피터 틸이 20대 천재 비탈릭을 통해 새로운 세상을 꿈꿨다면, 돈 윌슨은 월가의 노련한 금융가들과 함께 금융의 인프라, 그 자체를 독점하려고 합니다. 혁신적인 기술을 원한다면 서부를 응원하십시오. 하지만 진짜 거대한 부의 이동에 올라타고 싶다면, 동부의 조용한 거인 캔톤을 주목해야 할 것입니다. 결국 자본주의 역사에서 세상의 금융을 쥐고 흔든 건 후드티를 입은 개발자가 아니라, 정장을 입은 금융가들이었으니까요. 그래서 저는 기술자가 만든 디지털 오일이 보다 자본가가 만든 디지털 오일에 베팅하기로 했습니다. 누가 먼저 울트라사운드머니에 도달할 수 있을지 다 함께 흥미진진하게 지켜보시죠~

원화 스테이블코인? 너나 가지세요~

최근 한국은행 이창용 총재가 '원화 스테이블코인 도입을 검토해야 한다'는 취지의 발언을 해서 화제가 되었습니다. 개발도상국이나 중진국들이 미국 달러 스테이블코인에 대항해 자국 통화의 주권을 지키기 위해 몸부림치는 것, 이해는 합니다. 하지만 저는 이 뉴스를 보고 헛웃음이 나왔습니다. 그리고 속으로 이렇게 외쳤습니다.

"총재님, 그거 만들면 총재님이나 쓰세요. 저는 달러로 가질 테니."

왜 제가 이렇게까지 냉소적이냐고요? 최근 돌아가는 환율 시장 꼬락서니를 보면 답이 나옵니다.

수출 대박? 그런데 왜 내 월급은 갈수록 똥값이 되지? 지금 대한민국 경제, 참 이상하지 않습니까? 뉴스에서는 반도체가 날개 돋친 듯 팔리고 자동차 수출이 역대 최고라고 떠들어 댑니다. 상식적으로 나라가 돈을 많이 벌어오면(경상수지 흑자), 우리 돈(원화)의 가치가 올라가서 환율이 떨어져야 정상 아닙니까?

그런데 현실은 어떻습니까? 원-달러 환율은 진정될 기미가 안 보이고, 계속해서 1,500원대를 위협하며 고공행진 중입니다. 나라가 돈을 버는데 내 지갑 속 원화 가치는 계속 녹아내리고 있다는 뜻입니다. 도대체 왜일까요?

이 기이한 현상에 대해 이창용 한국은행 총재는 기가 막힌 분석을 내놓았습니다. "서학개미들이 해외 주식을 너무 많이 사서 환율이 오른다." 와, 정말 대단한 분석입니다. 환율 방어 못한 책임을 국민들에게 떠넘기다니요. 국민들이 바보라서 삼성전자 팔고 엔비디아, 테슬라

사고 비트코인 사는 줄 아십니까? 한국 주식 시장은 10년째 박스권에 갇혀 있고, 원화 들고 있어 봐야 물가 오르는 속도도 못 따라가서 거지 꼴을 못 면하니까, 살길 찾아서 떠난 겁니다. 서민들의 생존 본능이란 말입니다.

그런데 이걸 두고 국민 탓을 하다니요. 마치 구한말, 기울어 가는 조선의 운명은 생각 안 하고 "오랑캐의 물건을 배격하자!"라며 척화비를 세우던 위정척사운동(衛正斥邪運動)을 보는 것 같습니다. 세계는 AI다, 블록체인이다, RWA다 하면서 빛의 속도로 변하고 있는데, 한국 금융 수장은 국민들에게 "왜 국산품(원화/국장) 애용 안 하냐?"라고 훈계나 하고 있는 꼴입니다. 이게 2025년 대한민국의 현주소입니다.

자, 본질로 다시 돌아와 봅시다. 실물 원화의 가치가 이렇게 속절없이 무너지고 있는데, 이걸 블록체인으로 옮겨서 디지털 원화(KRW Stablecoin)를 만든다고 뭐가 달라집니까? 포장지만 디지털로 바꾼다고 썩은 사과가 싱싱해집니까? 원화 스테이블코인은 결국 가치가 계속 떨어지는 원화를 기반으로 합니다. 반면, 달러 스테이블코인(USDC, USDT)은 전 세계가 기축통화로 인정하고, 이자까지 쳐주는 킹달러를 기반으로 합니다.

플랫폼 경쟁? 이미 끝났습니다. 우리가 매일 쓰는 제미나이, 챗GPT, 유튜브, 인스타그램, 넷플릭스…. 다 미국 기업입니다. 만약 구글이 "유튜브 멤버십, 달러 코인으로 결제하면 10% 할인!"이라고 때려 버리면, 누가 애국심만 가지고 원화 코인을 쓰겠습니까? 서학개미들이 달러 싸 들고 미국 주식 사러 갔듯이, 디지털 세상의 국민들은 달러 스테이블코인을 사러 다 떠날 겁니다. 이건 매국이 아니라 금융 지능의 문제입니다.

관료들은 착각합니다. 자신들이 뚝딱뚝딱 원화 스테이블코인을 만들면 국민들이 써줄 거라고요. 천만의 말씀입니다. 그건 또 하나의 디지털 공인인증서, 즉 우리끼리(아마도 공공기관만)만 쓰는 갈라파고스 화폐가 될 뿐입니다. 국가 자존심 세우려고 세금 낭비할 때가 아닙니다. 이창용 총재는 서학개미 탓할 시간에, 왜 국민들이 원화를 버리고 달러와 비트코인으로 떠나는지 그 처절한 이유부터 직시해야 합니다.

그리고 투자자 여러분, 정부가 뭐라고 하든 흔들리지 마십시오. 원화 스테이블코인? 나오면 기념으로 100원어치만 사세요. 나중에 "옛날에 관료들이 이런 삽질도 했단다." 하고 자식들에게 보여줄 역사적 유물로는 쓸 만할 테니까요. 우리는 구한말 위정척사파가 아니라, 거친 파도를 넘어 신문물을 받아들였던 개화파가 되어야 합니다. 저는 그 시간에 달러 스테이블코인 하나라도 더 모으고, 캔톤 네트워크의 미래에 투자하겠습니다. 그게 내 가족과 자산을 지키는 유일한 길이니까요.

한국의 진짜 경쟁력은 K-밈코인이다

혹시 코인 시장에서 도지코인(Dogecoin)이나 시바이누 같은 밈코인이 왜 폭등하는지 아십니까? 기술력이 좋아서? 아닙니다. 바로 커뮤니티의 결속력 때문입니다. '우리는 같은 것을 좋아한다'는 강력한 유대감이 애착과 소유욕을 강화시키고 가격을 끌어올립니다.

이거, 어디서 많이 들어본 이야기 아닙니까? 맞습니다. 바로 K-POP 팬덤입니다. BTS의 아미(ARMY), 블랙핑크의 블링크(BLINK) 등…. 이들의 결속력은 일론 머스크의 도지코인 부대를 능가합니다. 그들은 '오빠'를 위해서라면 뉴욕 타임스퀘어 전광판을 통째로 빌리고, 비행기를 띄우는 사람들입니다.

만약 하이브나 YG가 각 잡고 'BTS 코인', '블랙핑크 코인'을 발행한다고 상상해 보십시오. 기술적으로 원화 스테이블코인이 얼마나 안정적인가 따위는 중요하지 않습니다. 전 세계 수억 명의 팬들은 그저 그 코인에 자신의 최애 이름이 박혀 있다는 이유 하나만으로 미친 듯이 매수 버튼을 누를 겁니다. 이것이 바로 문화의 힘, 커뮤니티의 힘입니다. 그리고 이 힘이 모여서 밈코인이라는 새로운 형태의 디지털 신뢰 자산을 창조합니다.

"BTS 콘서트 가고 싶어? 그럼 BTS 코인으로 결재해!" 강력한 팬 기반의 밈코인은 단순히 소장용으로 끝나는 게 아닙니다. 이 코인에 확실한 사용처(Utility)를 부여하는 겁니다. K-밈코인은 아래와 같은 다양한 용도로 확장이 가능합니다.

- **콘서트 티케팅**: "BTS 월드 투어 티켓, BTS 코인 보유자에게 선예매 권한 부여." 이러면 전 세계 거래소에서 코인 씨가 마를 겁니다.
- **한정판 굿즈**: "블랙핑크 친필 사인 앨범, 오직 '블핑 코인'으로만 결제 가능."
- **K-관광(Travel)**: "한국 여행 와서 명동 닭갈비 먹을 때, 편의점 갈

때 'K-밈코인'으로 결제하면 10% 할인!"

이렇게 되면 외국인들은 한국에 오기 위해 환전소에서 원화를 바꿀 필요가 없습니다. 그냥 자국에서 스마트폰으로 K-밈코인을 사서 들어오면 됩니다. 자연스럽게 한국의 디지털 경제 영토가 전 세계로 확장되는 것입니다.

미국은 달러 스테이블코인으로 전 세계인의 자산(저축)을 장악하려 합니다. 우리는 그들과 정면승부 할 필요가 없습니다. 우리는 'K-밈코인'으로 전 세계인의 팬심과 열정을 장악하면 됩니다.

10대, 20대들이 부모님에게 받은 용돈을 달러로 저축할지 몰라도, 그 돈을 꺼내 쓰는 곳은 결국 그들이 사랑하는 K-컬처가 될 것입니다. 이것이 바로 디지털 시대에 한국이 취해야 할 고도의 생존 전략입니다. 딱딱한 금융 허브가 되려고 애쓰지 말고, 말랑말랑한 크립토 문화 허브가 되어야 합니다. 그리고 우리는 할 수 있습니다.

그러니 정부는 제발 쓸데없는 원화 스테이블코인 개발에 세금 낭비하지 마십시오. 대신 K-콘텐츠 기업들이 글로벌 블록체인(솔라나, 이더리움 등) 위에서 자유롭게 밈코인을 발행하고, 그것이 실물 경제(편의점, 면세점, 호텔)와 연결될 수 있도록 규제를 풀어주십시오.

삼성전자는 갤럭시 폰에 'K-팬덤 지갑'을 기본 탑재하고, 네이버와 카카오는 K-밈코인으로 간편 결제를 지원하면 됩니다.

한국의 경쟁력은 원화가 아닙니다. 세계인이 사랑하는 K-컬처입니다. 가장 한국적인 것이 가장 세계적인 것이듯, 가장 팬덤적인 것이 가장 강력한 화폐가 될 것입니다. 우리는 금융으로 미국을 이길 수 없지만, 문화로는 이길 수 있습니다. 이제 우리도 쿨하게 밈(Meme)으로 돈 좀 벌어봅시다! **우리는 대한민국을 전 세계 문화 크립토의 수도로 만들 수 있습니다.**

일반인이 캔톤에 투자하기 어려운 이유

철학자 비트겐슈타인(Ludwig Wittgenstein)은 "내 언어의 한계는 내 세계의 한계다."라고 말했습니다. 불교에서는 "진리는 눈뜬 만큼 보인다."라는 격언이 있습니다. 인간은 각자가 만들어 놓은 언어라는 감옥에서 살고 있다고 생각합니다. 저는 캔톤 네트워크를 공부하면서 이 말이 투자 시장에 얼마나 적확하게 적용되는지를 뼈저리게 느꼈습니다. 그 근본적인 이유를 세 가지 감옥으로 비유해 보겠습니다.

첫째 경험의 감옥입니다. 일반 개인 투자자들의 경험 세계에서 금융이란 무엇일까요? 월급 들어오면 카드값 나가고, 적금 붓고, 주식 사고, 가끔 코인 사고파는 게 전부입니다. 하지만 캔톤이 혁신하려는 세상은 그 너머에 있습니다. 수십조 원의 자금이 하룻밤 사이에 오가는 '레포(Repo) 거래', 국채를 담보로 현금을 빌리는 '담보 이동', 복잡한 '파생상품(Derivatives)' 등등…. 이런 단어들은 개인 투자자의 언어 사전에 없습니다. 경험해 본 적이 없기 때문입니다. 내가 겪어보지 못한 불편함(T+1, T+2 결제 지연으로 인한 자본 비효율성)을 해결해 주겠다고 하니, 개인들에게는 그 해결책(캔톤)이 전혀 대단해 보이지 않는 겁니다. 마치 평생 걸어만 다닌 사람에게 "비행기를 타면 시간이 단축된다."라고 설명해도, 비행기표가 왜 비싼지 이해 못 하는 것과 같습니다.

기관들이 국채를 사놓고 가만히 5년, 10년 동안 돈을 묶혀놓고 있다고 생각하는 개미투자자들도 있습니다. 그래서 캔톤에서는 거래규모는 클지 몰라도, 거래가 빈번하지 않을 거라는 비판을 합니다. 저는 그 세계가 틀렸다는 것이 아닙니다. 다만 자신이 살고 있는 세상 밖의 세상이 엄연히 존재한다는 것을 말씀드리고 싶은 것입니다. 내가 주의 깊게 다른 세상을 이해하려 하지 않았을 뿐. 개인투자자들에게 RWA라는 단어는 언어 자체가 딴 세상의 언어일 뿐입니다. 그러니 RWA 플랫폼을 장악하겠다는 캔톤의 가치가 보일 리가 없는 것입니다.

둘째 고정관념의 감옥입니다. 캔톤은 전통 금융(TradFi)과 암호화폐(Crypto)를 연결하는 다리입니다. 하지만 바로 그 중간자적 위치 때문에 양쪽 진영 모두에게서 배척당합니다. 각자의 고정관념이라는 감옥에 갇혀 있기 때문입니다.

먼저 주식투자자들은 PER, PBR, 영업이익과 같은 실적데이터를 중시합니다. 그들에게 코인은 실체 없는 컴퓨터 코딩일 뿐이고 도박일 뿐입니다. "JP모건이 쓴다고? 에이 그래 봐야 코인은 코인이지. 난 코인 따위는 투자 안 해!" 그들의 색안경 속에서 캔톤은 그저 위험한 투기 자산으로 분류되어 쓰레기통으로 직행합니다.

다음으로 코인투자자들은 '탈중앙화', '잡알트'라는 경험에 익숙해져 있습니다. 그들은 기관들끼리만 쓰는 허가형 블록체인? 이 말을 듣는 순간 귀를 닫습니다. 그건 진정한 블록체인이 아니잖아. 탈중앙화도 아닌 금융기관 서버에서 돌아가는 블록체인이 무슨 의미가 있지? 그들에게 캔톤은 재미없고 따분한 '잡알트' 중 하나일 뿐입니다.

셋째 합리화의 감옥입니다. 인간은 자신의 무지를 감추기 위해서 합리화의 도구를 자주 사용합니다. 이솝우화에서는 여우의 신 포도라 할 수 있죠. 많은 사람들이 이렇게 묻습니다. "기관들이 지들끼리 거래 수수료 내려고 만든 코인을 왜 우리가 사야 해?"

여러분은 SK하이닉스나 엔비디아 주식은 왜 삽니까? 여러분 집집마다 반도체 한 박스씩 쓰고 계시나요? 하이닉스나 엔비디아가 반도체와 GPU를 팔아서 번 돈을 나눠 갖기 위해서 아닙니까? 캔톤코인(CC)도 마찬가지입니다. 우리가 그 코인을 직접 써서 레포 거래를 할 일은 죽을 때까지 없을 겁니다. 하지만 골드만삭스, JP모건, 씨티은행, 도이치뱅크, DTCC, 브로드릿지, 블랙록 등 세계적인 금융기관들이 캔톤 네트워크 위에서 365일 24시간 자본이 쉴 틈 없이 일하도록 하기 위해서 그 수수료 코인인 CC코인을 태워 없애야 합니다. 기관들의 강력한 수요가 코인의 개수를 줄이고, 가치를 올립니다. 개미가 캔톤에 투자하는 것은, 내가 쓰기 위해서가 아니라 '그들이 쓸 수밖에 없는 길목'을 선점하기 위해서입니다.

저는 사람들이 경험과 고정관념의 감옥에 갇혀 캔톤을 "어려운 것", "잡코인", "기관용"이라고 무시할 때가 바로 기회라고 생각했습니다. 시장은 언제나 대중이 이해하지 못하는 곳에서 태동했습니다. 인터넷이 그랬고, 스마트폰이 그랬고, 비트코인이 그랬습니다.

캔톤은 대중의 환호를 필요로 하지 않습니다. 대중이 알든 모르든,

금융 기관들은 생존을 위해 T+1의 비효율을 없애야 하고, 그 과정에서 캔톤은 필연적으로 성장할 수밖에 없습니다. 남들이 언어의 감옥 안에서 "이게 뭐야?"라고 웅성거릴 때, 감옥 밖으로 나와 금융의 미래를 선점하십시오. 대중의 무관심은 우리에게는 축복입니다. **저는 시골의사 박경철 님이 그토록 찾아 헤매던 W가 바로 Canton이라고 조용하게 읊조리고 싶습니다.**[27]

AI 버블이 꺼지면 캔톤은 어떻게 될까?

최근 손정의 회장과 피터 틸이 엔비디아 주식을 대거 매도했다는 소식이 들려왔습니다. 시장에서는 벌써부터 "AI 버블이 터지는 것 아니냐?"라는 공포가 감돌고 있습니다. 많은 분이 이렇게 물을 수 있습니다. "코린이 아빠 님, AI 버블 터져서 나스닥 폭락하면 크립토 시장도, 캔톤도 다 같이 폭망하는 거 아닙니까?"

이에 대한 제 대답은 단호합니다. "아니요, 오히려 캔톤의 시간은 더 빨리 올 겁니다." 역설적으로 들리시나요? 하지만 금융의 역사를 보면, 진정한 인프라 혁신은 호황기가 아니라 불황기에 완성되었습니다.

시장이 좋을 때, 금융기관들은 배가 부릅니다. 수수료가 펑펑 들어

27 시골의사 박경철 씨의 2008년 아주대학교 강연 〈다음의 W를 찾아서 1탄. 통찰력과 직관을 갖춘 0.9%의 투자자가 되시길 응원합니다〉
https:www.youtube.com/watch?v=WCNeAWsLuLk

오니, 백오피스(Back-office)에 수천 명의 직원을 두고 엑셀로 장부를 맞추는 비효율적인 방식(T+1, T+2)을 유지해도 먹고사는 데 지장이 없습니다. "굳이 시스템을 바꿔? 귀찮게." 이것이 호황기의 안일함입니다.

하지만 AI 버블이 꺼지고 금융 위기가 닥치면 이야기가 달라집니다. 수익이 줄어들면 은행들은 마른 수건 쥐어짜기에 돌입해야 합니다. 인건비를 줄이고, 운영 비용을 깎아야 생존할 수 있습니다. 이때 CEO의 책상 위에 캔톤 네트워크 보고서가 올라간다고 상상해 보십시오.

"회장님, 캔톤을 도입하면 엑셀 검증 인력 수천 명을 줄일 수 있고, 거래 정산 비용을 획기적으로 낮출 수 있습니다. 무엇보다 인건비가 '0원'인 스마트 컨트랙트(Daml)가 24시간 실수를 하지 않고 일을 처리합니다."

불황이 닥치면 RWA는 '하면 좋은 신기술'이 아니라, '생존을 위해 반드시 해야 하는 혁신'으로 정의됩니다. 위기는 기관들에게 캔톤이라는 다이어트 약을 강제로 먹이게 될 것입니다.

또 하나의 측면은 바로 '자본회전률'입니다. 버블이 터지면 시장에 돈이 잘 돌까요? 곧바로 '돈맥경화(Credit Crunch)'가 옵니다. 금융기관들은 현금 확보 전쟁에 돌입합니다. 기존 시스템에서는 주식을 팔아도 현금을 손에 쥐려면 이틀(T+2)을 기다려야 합니다. 1조 원을 굴리는 기관 입장에서 이틀 동안 자금이 묶여 있는 기회비용은, 금리가 높은 불황기에는 천문학적인 손실입니다.

하지만 캔톤 위에서는 원자적 거래(Atomic Transaction)가 일어납니다. 자산을 매도하는 즉시, 0.001초 만에 현금(토큰화된 달러)이 내 지갑으로 들어옵니다. 자금 회전 속도가 비교가 안 됩니다. 캔톤을 쓰는 은행은 현금을 하루에 10번 회전시킬 때, 엑셀을 쓰는 은행은 3일에 한 번 회전시킵니다. 이 싸움의 승자가 누가 될지는 뻔하지 않습니까? 불황일수록 '속도'는 곧 '생존'입니다.

불황이 오면 캔톤은 사치재가 아니라 필수재(Utility)입니다. AI 테마주나 밈코인은 경기가 나빠지면 사람들이 가장 먼저 팔아 치우는 사치재입니다. 없어도 사는 데 지장이 없으니까요. 하지만 캔톤코인(CC)은 금융 시장의 전기이자 수도입니다. 경기가 나쁘다고 은행이 송금을 멈춥니까? 증권사가 주식 거래를 중단합니까? 아닙니다. 오히려 변동성이 커지면 거래량은 더 늘어날 수도 있습니다. 자금이 부족한 이 기관, 저 기관으로 쉴 새 없이 자금이 수혈되어야 합니다. 기관들은 거래를 멈출 수 없고, 거래를 하려면 반드시 캔톤코인을 수수료로 태워야 합니다.

아이러니하게도 2008년 금융위기 직후에 비트코인이 탄생했습니다. 그리고 다가올 AI 버블 붕괴 위기 속에서 캔톤은 금융 효율화라는 무기를 들고 월스트리트를 점령할 것입니다. 남들이 "버블 붕괴다! 도망쳐!"라고 외칠 때, 우리는 냉정하게 생각해야 합니다. "이 난장판 속에서 누가 가장 비용을 아껴주는가?" 그 질문의 끝에 캔톤이 서 있습니다. 기관들의 절박함, 그것이 바로 캔톤의 강력한 성장 엔진이 될 것입니다.

캔톤은 초국가 화폐가 될 것인가?

캔톤은 철저하게 '달러 패권의 조력자' 포지션을 취하고 있습니다. 캔톤 네트워크에서 일어나는 모든 거래 수수료는 달러 기준으로 책정됩니다. 즉, 척도는 달러이고 캔톤은 그저 도구일 뿐입니다. 그런데 역설적이게도, 바로 그 '도구'라는 위치 때문에 캔톤은 어느 국가에도 종속되지 않는 초국가적 자산이 될 운명입니다.

우리는 석유를 화폐라고 부르지 않지만, 전 세계 중앙은행은 석유를 전략 자산으로 비축합니다. 왜냐하면 석유가 없으면 국가가 멈추기 때문입니다. 앞으로 펼쳐질 RWA 세상에서 캔톤코인(CC)의 지위는 바로 이 금융거래의 석유와 같습니다. 이미 이더리움에 투자를 해보신 분들에겐 너무나 익숙한 표현이죠.

골드만삭스가 한국의 삼성전자와 거래하든, 독일의 도이체방크와 거래하든, 캔톤 네트워크 위에서 자산을 움직이려면 반드시 CC코인을 태워야 합니다. 기관들에게 CC코인은 투기 자산이 아니라, 전산망을 돌리기 위한 필수 에너지원입니다. 국가나 국경과 상관없이 금융기관이라면 반드시 쟁여둬야 하는 자산, 이것이 초국가적 자산의 첫 번째 조건입니다.

비트코인은 2,100만 개로 발행량이 고정되어 있어 디지털 금이라고 불립니다. 하지만 캔톤은 다릅니다. 캔톤은 울트라사운드머니(Ultra Sound Money)를 지향합니다. 이더리움처럼 캔톤은 네트워크가 많이 사용될수록 코인이 소각되어 사라지는 구조입니다. 상상해 보십시오. 2026년 이후 수천조 원 규모의 미국 국채와 파생상품이 캔톤 위에서 돌아갑니다. 기관들이 거래할 때마다 엄청난 양의 CC코인이 불타 없어집니다. 공급은 줄어드는데, 기관들의 수요(거래량)는 폭발합니다. 경제학의 기본 원리상 가격은 어떻게 될까요?

달러는 미국 정부가 필요하면 무제한으로 찍어낼 수 있는 인플레이션 화폐입니다. 반면, 캔톤은 경제가 성장하고 거래가 활발해질수록 수량이 줄어드는 디플레이션 자산입니다. 시간이 지날수록 가치가 희석되는 달러와, 시간이 지날수록 희소해지는 캔톤. 기관들은 장기적으로 어떤 자산을 더 신뢰하게 될까요? 캔톤 역시 발행량이 무한대로 표기되어 있기 때문에 무한정 찍어낼 거라고 오해하는 분들이 계십니다. 무한대라는 표기는 마구잡이로 찍어낸다는 의미가 아닙니다. 앞으로 50년, 100년을 이어갈지도 모르는 자산이기 때문에 그 한계를 두지 않겠다는 것일 뿐입니다. 소멸과 생성의 원리가 있어야 마르지 않는 샘물이 될 테니까요.

제가 캔톤에서 제일 마음에 드는 부분은 바로 '겸손함'입니다. 캔톤은 겉으로는 "우리는 그저 수수료 코인입니다."라고 겸손을 떱니다. 하지만 그 내막을 들여다보면 월스트리트가 가장 신뢰할 수 있는 담보물로 진화하고 있습니다. 비트코인은 가격 변동성이 너무 커서 은행의 담보로 쓰기에 부담스럽습니다. 하지만 캔톤은 기관들의 실제 사용량(펀더멘털)에 기반해 가치가 형성되므로, 훨씬 안정적인 우상향 곡선을 그릴 가능성이 큽니다.

그래서 저는 궁극적으로 캔톤은 그림자 기축통화가 될 수도 있다고 생각합니다. 아니 솔직히 그렇게 기대합니다. 표면적인 가격표는 모두 달러($)로 붙어 있겠지만, 그 거대한 금융 시스템을 뒷받침하는 지급준비금(Reserve)의 한 축을 CC코인이 담당하게 될 것입니다. 미국 정부도 이를 묵인할 것입니다. 캔톤이 강해질수록, 캔톤 위에서 유통되는 미국 국채와 디지털 달러의 지배력도 함께 강해지기 때문입니다.

캔톤은 왕(달러)을 죽이는 반역자가 아니라, 왕을 지키는 최정예 호위무사입니다. 호위무사의 몸값은 왕의 권력이 강할수록, 그리고 왕을 노리는 적들이 많을수록 천정부지로 치솟습니다. 일반 대중은 캔톤을 "잡알트"라고 무시하거나 "기관용 수수료"라고 폄하하지만, 월스트리트의 거인들은 이미 알고 있습니다. 이 코인이 미래 금융의 가장 희소한 자원이 되리라는 것을요.

우리는 지금 화폐라고 불리지 않지만, 사실상 화폐보다 더 귀한 대접을 받게 될 초국가적 유틸리티 금융자산의 탄생을 목격하고 있는 것입니다. 이것이 제가 캔톤에 투자하는 진짜 이유입니다.

투자패턴과 신념의 붕괴시대

어제의 투자 정석이 오늘의 독이 될 수도 있습니다. 비트코인 4년 주기설, 반감기 불장, 가치 투자, 장기 보유…. 지난 10년간 암호화폐와 주식 시장을 지배했던 승리의 공식들이 2025년 들어 산산조각 나고 있습니다. 많은 분이 혼란스러워합니다. "왜 반감기가 지났는데 비트코인은 폭등하지 않지?" "왜 가치 투자의 대가들이 저렇게 행동하지?"

이유는 간단합니다. 세상이 바뀌었기 때문입니다. AI와 로봇이 인간의 노동을 대체하고 , 월스트리트와 실리콘밸리가 화폐 전쟁을 벌이는 전례 없는 상황입니다. 지금 우리는 과거의 데이터가 미래를 보장하지 않는 패턴 붕괴의 시대에 살고 있습니다. 이 혼돈 속에서 살아남으려면, 우리가 믿었던 거인들이 어떻게 자신의 신념과 결별하고 진화했는지 똑똑히 목격해야 합니다.

"자신이 이해하지 못하는 기술에는 투자하지 않는다." 이 말은 워런 버핏의 철칙이었습니다. 하지만 그는 결국 구글(알파벳)과 같은 빅테크에 투자했습니다. 가치 투자의 황제조차 AI가 바꾸는 세상의 속도 앞에서는 자신의 오랜 원칙을 수정한 것입니다. 물론 워런 버핏은 구글의 기술보다도 환상적인 현금흐름을 보고 투자했을 가능성이 높습니다. 그렇다 하더라도 콜라와 알파벳은 기술의 격이 다른 기업입니다. 평소 콜라를 좋아한다고 알려진 버핏이지만, 과연 구글의 제미나이도 그만큼 좋아할까요?

더 충격적인 것은 실리콘밸리의 사상가 피터 틸입니다. 그는 저서 《제로 투 원》에서 "독점하라." "경쟁하지 마라." "장기적인 미래를 봐라."라고 역설했습니다. 그런데 그가 이끄는 파운더즈 펀드는 어땠습니까? 이더리움 매집 회사인 BMNR에 투자한 지 불과 3개월 만에 지분의 절반을 홀라당 팔아 치웠습니다. 이것은 우리가 알던 장기 투자자 피터 틸의 모습이 아닙니다. 차익 실현에 눈이 먼 헤지펀드나 다름없는 모습이었습니다. 대중들은 "피터 틸이 변했다." "배신했다."라고 비난했지만, 저는 생각이 다릅니다. 그는 유연해진 것입니다. AI와 크립토 시장의 변동성이 극대화된 시점에서는, 영원한 보유보다는 과감한 현금 확보가 더 나은 전략일 수 있음을 몸소 보여준 것입니다. 거인들은 신념을 지키기 위해 망하는 길보다, 신념을 깨고 살아남는 길을 택했습니다.

반대로, 평생을 0.0001초의 승부사로 살았던 사람이 있습니다. 시카고의 전설적인 초단타 매매(HFT) 트레이더, 돈 윌슨입니다. 그의 투자 패턴은 "가장 빠르게 치고 빠지기"였습니다. 그랬던 그가 캔톤 네트워크를 위해서는 무려 11년이라는 세월을 인내했습니다. 단타의 신이 장기 투자의 화신으로 변모한 것입니다. 왜 그랬을까요? 그는 단순히 시세 차익을 노리는 플레이어가 아니라, 시장의 판 자체를 바꾸는 설계자가 되기로 결심했기 때문입니다. 남들이 코인 차트를 보며 1분 뒤를 예측할 때, 그는 10년 뒤의 금융 인프라(RWA)를 내다보고 씨앗을 뿌렸습니다. 속도광이 가장 느린 거북이처럼 행동했다는 것, 이것이야말로 고정관념의 완벽한 파괴입니다.

코인투자자들이 가장 맹신했던 비트코인 4년 주기설도 힘을 잃었습니다. "반감기 지나면 무조건 1년 뒤에 폭등한다."라는 공식은 2025년 시장에서 보기 좋게 빗나갔습니다. 왜 일까요? 시장의 주인이 바뀌었기 때문입니다. 과거 비트코인 시장은 개미들과 채굴자들이 주도했지만, 지금은 블랙록 같은 월가 기관과 매크로 경제(금리, 실업률)가 지배합니다. 이제 비트코인은 4년마다 돌아오는 반감기 스케줄보다, 나스닥 지수와 연준 의장의 입에 더 민감하게 반응합니다. "과거 차트를 보니 이번엔 오를 차례야."라고 믿고 투자하는 것은, 내비게이션 없이 옛날 지도 한 장 들고 고속도로에 뛰어드는 것과 같습니다.

여러분, 워런 버핏이 기술주를 사고, 피터 틸이 단타를 치고, 돈 윌슨이 장기 투자를 하는 세상입니다. 투자의 대가들도 살아남기 위해 자신의 주특기를 버리고 변신하는데, 하물며 우리 같은 개인 투자자들이 "나는 가치 투자자야." "나는 차트쟁이야."라며 한 가지 방법만 고집해서 되겠습니까?

전례 없는 AI 버블과 화폐 전쟁의 시대에는 전례 없는 전략적 유연함이 필요합니다. 다시 한번 반복하겠습니다. 어제의 투자 정석이 오늘의 독이 될 수 있습니다. 자신의 경험과 고정관념을 끊임없이 의심하고 파괴하는 자만이, 이 거대한 부의 재편 과정에서 살아남을 수 있습니다. 이것이 2026년을 맞이하는 우리가 가져야 할 단 하나의 투자 철학입니다. 그래서 이 책의 마지막 결론은 바로 이 문장으로 하도록 하겠습니다.

"나는 투자한다. 고로 의심한다."

부록

코인투자자가 꼭 알아야 할 코인 상식

Q. 코인, 토큰, 블록체인… 도대체 어떻게 다른 건가요?

이게 생각보다 헷갈리시는 분들이 정말 많습니다. 그냥 다 똑같은 가상화폐 아니냐? 하실 수 있는데, 엄연히 '신분'이 다릅니다. 이걸 이해해야 내가 투자하는 자산이 '건물주'인지 '세입자'인지 알 수 있거든요.

- 블록체인(Blockchain): 이건 '땅' 혹은 '도시' 그 자체라고 보시면 됩니다. 데이터를 기록하고 저장하는 거대한 인프라죠. 비트코인이라는 도시, 이더리움이라는 도시가 따로 존재하는 겁니다. 그 도시를 유지하는 시스템, 그게 바로 블록체인입니다.
- 코인(Coin): 이건 그 도시에서 통용되는 '기축통화(화폐)'입니다. 비트코인(BTC)이나 이더리움(ETH)처럼 자기만의 독립적인 블록체인(메인넷)을 가지고 있는 애들을 '코인'이라고 부릅니다. 여러분이 이더리움 도시에서 건물을 짓거나 거래를 하려면 반드시 이

더리움 코인을 수수료(가스비)로 내야 하죠. 비트코인과 이더리움은 블록체인의 이름이면서 동시에 코인의 이름이기도 합니다.

- 토큰(Token): 그럼 토큰은 뭐냐? 남의 도시에 세 들어 사는 '세입자' 혹은 특정 가게의 '상품권'입니다. 자기만의 블록체인이 없어서 남의 블록체인(주로 이더리움이나 솔라나) 시스템을 빌려 쓰는 애들이에요. 예를 들어, 우리가 자주 보는 테더(USDT)나 시바이누 같은 것들이 대부분 토큰입니다. 얘네를 전송할 때 수수료로 이더리움을 내야 하는 이유가 바로 이겁니다. 남의 땅을 빌려 쓰니까 '월세'를 내는 거죠. 아무래도 토큰보다는 자기 땅을 갖고 있는 코인에 투자하는 게 더 좋아 보이시죠? 토큰인지 코인인지 이제 분명히 구분하고 투자하세요~

Q. 레이어1, 레이어2… 층수가 높으면 좋은 건가요?

요즘 월가가 RWA(실물자산 토큰화) 이야기를 하면서 이 '레이어' 이야기가 정말 많이 나옵니다. 어렵게 생각하실 필요 없습니다. 이건 '도로 확장 공사'라고 보시면 딱 맞습니다.

- 레이어1(Layer 1): 이건 '메인 고속도로'입니다. 비트코인이나 이더리움 그 자체를 말하죠. 보안도 철저하고 탈중앙화도 잘되어 있는데, 치명적인 단점이 있습니다. 너무 막혀요. 차(사용자)는 쏟아지는데 차선은 좁으니까 속도는 느리고 톨게이트비(수수료)는 비싸지죠. 우리가 이더리움 전송할 때마다 수수료 때문에 손 벌벌 떨었던 기억, 다들 있으시죠?

- 레이어2(Layer 2): 그래서 나온 해결책이 바로 레이어2, '고가도로' 혹은 '우회도로'입니다. 메인 고속도로(레이어1) 위에 층을 하나 더 쌓아서 차들을 쌩쌩 달리게 만드는 기술입니다. 여기서 자잘한 거래들을 빠르게 처리하고, 그 결괏값만 묶어서 나중에 레이어1에 기록하는 방식이죠. 이렇게 하면 속도는 빨라지고 수수료는 확 줄어듭니다. 대표적으로 아비트럼, 옵티미즘, 폴리곤 같은 애들이 있죠.

자, 여기서 제가 강조하고 싶은 건 이겁니다. 왜 월가와 기관들이 이 레이어2에 주목할까요? 그들이 전 세계의 주식, 채권, 부동산을 토큰화해서 블록체인 위로 올리려면(RWA), 지금의 느려 터진 속도와 비싼 수수료로는 어림도 없거든요. 결국, 전통 금융이 들어오기 위한 '필수 인프라'가 바로 레이어2라는 겁니다. 레이어1이 '중앙은행의 금고'라면, 레이어2는 그 돈이 24시간 미친 듯이 돌아가는 '시장'이 될 겁니다. 이 흐름을 놓치시면 안 됩니다.

Q. KYC(Know Your Customer)는 꼭 해야 하는 건가요? 개인 정보 유출되는 거 아니에요?

자, 여러분. 거래소 가입할 때마다 신분증 들고 셀카 찍고, 승인 기다리고…. 이거 정말 귀찮으셨죠? "아니, 블록체인은 익명성이 생명이라며? 내 정보 왜 다 가져가?" 하면서 찝찝해하신 분들도 많았을 겁니다. 이 KYC(고객확인제도)를 단순한 요식행위로 보시면 안 됩니다. 이건 자본시장에 들어가기 위한 '필수 관문'입니다. 공항에서의 검색

대라고 보시면 돼요.

첫째, 기관들은 '복면 쓴 사람'과 거래하지 않습니다. 우리가 앞으로 이야기할 RWA(실물자산 토큰화)를 생각해 봅시다. 부동산 등기부등본에 소유주 이름이 없으면 말이 되나요? 주주명부에 '익명의 지갑 A'라고 적을 수 있을까요? 절대 불가능합니다. 블랙록이나 JP모건 같은 거대 기관들이 수조 원을 싸 들고 들어오려면, 거래 상대방이 누구인지, 자금 출처가 깨끗한지 명확해야 합니다. 즉, KYC는 그들의 돈이 들어올 수 있게 깔아주는 '레드카펫'인 셈입니다. 개인뿐만 아니라 기관들조차 KYC의 예외가 될 수는 없습니다.

둘째, 국가 권력의 마지막 보루는 '세금'입니다. 비트코인이 아무리 '국가 없는 화폐'를 외쳐도, 결국 국가는 세금을 걷어야 유지됩니다. 지금까지 크립토 시장이 '무법지대'였다면, KYC가 강화된다는 건 이제 국가가 이 시장을 '제도권 안으로 끌어들여 철저하게 관리하고 과세하겠다'는 선전포고입니다.

결국 핵심은 이겁니다. 우리가 그토록 혐오했던 중앙화된 통제가 아이러니하게도 비트코인 현물 ETF를 승인시키고, 시장의 파이를 키우는 열쇠가 되었습니다. KYC가 강화될수록 탈중앙화의 로망은 조금 퇴색될지 모릅니다. 하지만 "이 시장에 진짜 '돈(Institutional Money)'이 들어오고 있다"는 가장 확실한 증거가 바로 이 귀찮은 KYC 절차라는 점, 꼭 기억하시기 바랍니다.

한국 코인투자자를 위한 실전 생존 가이드

Q. 해외 코인계정은 어떻게 만드나요?

자, 여러분. 아직도 국내 거래소(업비트, 빗썸 등)에만 머물러 계신다면, 여러분은 우물 안 개구리입니다. 안타깝게도 신규 코인들은 해외 거래소에 먼저 상장이 된 이후, 거의 마지막으로 국내 거래소에 상장되는 경우가 많습니다. 그래서 한국을 이른바 알트코인의 설거지 국가라고 부르기도 합니다. 고기는 다 발라먹고 뼈만 남은 코인을 언제까지 뒤처리해 주는 개미로 남으실 건가요?

이제부터 해외 코인계정, 바이낸스(Binance) 계정을 개설하는 방법에 대해 알려드리겠습니다.

Step 0. 사전 준비물(이거 없으면 시작도 하지 마세요.)

1. **여권(Passport)**: 주민등록증이나 면허증도 되지만, 글로벌 표준은 여권입니다. 영문 이름 꼬일 일 없게 그냥 여권 쓰세요.
2. **스마트폰**: 셀카 인증해야 하니 PC보다 폰이 훨씬 편합니다.
3. **해외 결제 차단 해제된 이메일**: 지메일(Gmail) 추천합니다.

Step 1. 앱 설치 및 가입(가짜에 속지 마라.)

구글에 그냥 'Binance' 검색하지 마세요. 피싱 사이트(가짜 사이트)가 판을 칩니다. **반드시 공식 앱스토어(구글 플레이/앱스토어)에서 다운로드하십시오.**

1. **앱 실행**: [Sign up / Log in] 버튼을 누르세요.

2. **가입 방법 선택**: [Sign up with Email or Phone] 선택합니다. (구글 아이디 연동보다는 이메일 직접 입력을 추천합니다. 해킹 방지 차원입니다.)

3. **정보 입력**

- Email: 자주 쓰는 이메일 입력
- Password: 대문자, 특수문자 섞어서 아주 어렵게 만드세요. 이건 돈입니다.
- Referral ID(**추천인 코드**): **(중요)** 이거 빈칸으로 두지 마세요. 수수료 할인 혜택이 있는 코드를 넣으면, 거래할 때마다 나가는 수수료를 아낄 수 있습니다. 티끌 모아 태산입니다. (친구에게 받으시거나 유명 유튜버에게 받으셔도 됩니다.)

Step 2. 신원 인증(KYC): 월가의 문을 여는 열쇠

자, 여기서 귀찮다고 포기하는 분들 많습니다. 앞서 말씀드렸죠? **KYC는 '통제'이자 동시에 '제도권 진입'의 증거**라고요. 떳떳하게 인증하고 들어가 봅시다.

1. 가입하면 바로 **[Verify Identity]** 창이 뜹니다.
2. **Country(국가)**: South Korea 선택합니다.
3. **신분증 촬영**: [Passport(여권)]를 선택하고 카메라로 여권을 찍으세요. 빛 반사 안 되게, 글자 선명하게! (사진이 잘 안 나오면 계속 다시 시도해야 합니다.)
4. **셀카 촬영(Liveness Check)**: 이게 제일 웃깁니다. 화면에 얼굴

대고 "입 벌려라." "고개 끄덕여라." "눈 깜빡여라." 시키는 대로 하세요. (사람인지 확인하는 겁니다.)

※ Tip: 보통 5분 안에 승인 문자가 옵니다. 사진이 흐릿하면 거절당하니 밝은 곳에서 찍으세요.

Step 3. 보안 설정(2FA): 내 금고에 자물쇠 채우기

이거 안 하면 대문 열어놓고 여행 가는 거랑 똑같습니다. 해킹당하고 울지 말고 지금 당장 하세요.

1. 앱 좌측 상단 [바이낸스 로고] 클릭 → [Security] 메뉴 진입
2. **Authenticator App(구글 OTP)**: 이거 필수입니다. 'Google Authenticator' 앱을 다운받아서 바이낸스랑 연동하세요. 로그인할 때마다 6자리 숫자 바뀌는 그겁니다. (국내에서는 은행 OPT를 쓰지만 해외는 무조건 구글입니다. 더욱이 무료서비스입니다.)
3. **Email/Phone 인증**: 이것들도 다 켜두세요. 귀찮을수록 내 돈은 안전합니다.

Q. 해외로 코인 전송은 그럼 어떻게 해야 하나요?

해외 송금을 위해 꼭 엄수해야 할 룰이 있습니다. **국내에서 해외로 송금을 하려면 반드시 해외에 있는 내 계정, 내 계좌에만 돈을 송금할 수 있습니다. 이것을 트래블룰이라고 합니다. 꼭 기억하세요!**

- 1단계: 먼저 국내 거래소에서 USDT나 USDC를 구매하십시오.

(예전에는 리플이나 스텔라루멘을 많이 이용했지만 더 이상 그럴 필요가 없습니다. 거래 수수료가 더 아깝습니다.)

- 2단계: 해외 거래소에서 Deposit 메뉴를 선택하고 코인을 선택합니다. 예컨대 USDT를 선택하면 어떤 전송방법을 이용할 것인지가 뜹니다. 여기에서 수수료가 싸고 업비트에서 지원 가능한 Tron을 선택합니다. 그러면 내 계좌의 USDT 트론 '입금 주소(Deposit Address)'가 생성됩니다. 이 주소를 복사합니다.
- 3단계: 이제 국내 거래소에서 출금하기 버튼을 누릅니다. 그리고 USDT를 선택합니다. 전송방법은 똑같이 Tron을 선택합니다. 그 다음 아까 복사한 입금주소를 붙여넣기 합니다. 그리고 전송을 누릅니다.

※ **절대 주의사항**: 돈 날리기 싫으면 필독!

여기서 실수해서 돈 날리는 분들, 정말 많이 봤습니다. 딱 세 가지만 명심하세요.

1. **네트워크(Chain) 확인**: 해외 거래소 입금 주소가 'ERC20'인지 'TRC20'인지, 내가 보내는 코인의 네트워크와 완벽하게 똑같은지 무조건 확인해야 합니다. **이게 다르면 돈은 영원히 우주 미아 됩니다.**
2. **데스티네이션 태그(Destination Tag/Memo)**: 리플(XRP) 같은 코인은 주소 말고 '태그 번호'라는 게 있습니다. 아파트 동, 호수 같은 거예요. 이거 안 적으면 거래소 계좌로 돈은 갔는데, 내 지갑에 안 들어옵니다. 꼭 입력하세요. (USDT 테더는 이게 없습

니다. 더 간단하죠.)

3. **진짜진짜 제일 중요합니다. 처음 보낼 때면 무조건 소액(1달러 정도)으로 먼저 테스트를 해봅니다.** 수수료 아깝다고 한 번에 전 재산 쏘다가 주소 틀리면, 그 누구도 책임져 주지 않습니다.

Q. 트래블룰을 어기면 어떻게 되나요?

저의 개인적인 실화를 말씀드리겠습니다. 트래블룰은 국내에서 해외로 자금을 전송할 때만 적용되는 것이 아닙니다. 반대로 해외에서 국내로 자금을 전송할 때에도 동일하게 자신의 계정으로만 전송이 가능합니다. 만약 해외 내 계정에서 국내에 있는 가족이나 친구에게 100만 원 이상의 코인을 전송하게 되게 되면, 트레블룰 위반으로 자금이 동결됩니다.

친구가 저에게 사달라고 부탁한 비트코인이 있었는데, 제가 해외 계정 비트겟에서 구매한 비트코인(약 2천만 원 상당)을 다이렉트로 친구의 국내 업비트 계정으로 송금했습니다. 전송이 잘되는가 했지만, 아무리 기다려도 친구 계정에는 비트코인이 도착하지 않았습니다. 고객센터에 문의해 보니 트레블룰 위반으로 자금이 동결되었다는 답변을 받았습니다. 거의 범죄단체 취급을 받았던 것 같습니다. 문제를 해결하려면 매니저와 영상통화 약속을 잡은 후에, 친구와 제가 신원확인이 가능하도록 함께 접속을 해야 한다고 했습니다. 이메일로 화상통화 일정이 안내되었습니다.

며칠 후에 친구와 직접 만나서 비트겟 매니저와 화상통화를 하면서,

제 여권과 친구 여권을 번갈아 가면서 보여주고, 계정 정보를 알려주었습니다. 그리고 매니저가 직접 확인하면서, 상담 내용을 전부 영상 자료로 기록하겠다고 했습니다. 동의를 하고 확인 절차를 모두 마친 다음에 상당 시간이 흘러 다시 제 비트겟 계좌로 자금이 되돌아왔습니다. 반송에 필요한 수수료까지 전송 수수료만 2번을 물었습니다. 그것도 송금 수수료가 가장 비싼 비트코인이었습니다.

꼭 기억하세요. 트레블룰을 어기면, 다시 복구하는 과정이 매우 어려울 수도 있습니다. 100달러 이상의 자금은 반드시 자신의 계좌로만 전송하시길 권장드립니다.

캔톤 네트워크의 핵심개념 이해하기

Q. '원자적 거래' 그게 왜 중요한 거죠?

"다 되거나, 아예 없던 일이 되거나."

자, 여러분. '원자(Atom)'가 뭡니까? 더 이상 쪼개질 수 없는 가장 작은 단위죠? 거래도 마찬가지입니다. "쪼개질 수 없는 하나의 덩어리"로 처리한다는 뜻입니다.

이게 무슨 말이냐? 거래 과정이 10단계든 100단계든 상관없이, 결과는 딱 두 가지뿐이라는 겁니다. **여기서 무조건 양자택일입니다.**

1) **완벽하게 성공**하거나(All)

2) **아예 없던 일로 돌아가거나**(Nothing)

중간에 "돈은 보냈는데 물건은 못 받았다?" 이런 '어정쩡한 사고'는 절대 용납하지 않는다는 거죠.

1. 첫 번째 예시: "자판기의 약속"

가장 쉬운 예는 자판기입니다. 우리가 자판기에 1,000원을 넣고 콜라 버튼을 누릅니다.

- **상황 A(성공)**: 1,000원이 기계로 쏙 들어가고, 동시에 콜라가 덜커덩 나옵니다. (거래 완료)
- **상황 B(실패)**: 1,000원을 넣었는데 기계가 고장 나서 콜라가 안 나옵니다. 그럼 어떻게 되죠? **다시 1,000원을 뱉어냅니다.**

원자적 거래는 바로 이겁니다. **"돈은 먹었는데 콜라는 안 주는" 최악의 상황을 시스템적으로 원천적으로 막아버리는 거죠.** 콜라가 안 나올 거면, 돈도 가져가면 안 되는 겁니다.

2. 두 번째 예시: "영화 속 인질 교환(Feat. 월가의 방식)"

자, 조금 더 우리 스타일에 맞춰서 '스릴러 영화' 한 장면을 떠올려 보세요.

어두운 항구, 마피아 두 조직이 만났습니다. **A 조직**은 돈 가방을 들고 있고, **B 조직**은 인질(혹은 다이아몬드)을 데리고 있습니다.

- **옛날 방식(불안함)**: A가 돈 가방을 먼저 툭 던집니다. 근데 B가 그걸 받고 도망가면요? A는 망하는 거죠. 서로 못 믿어서 총 겨누고 난리 납니다.
- **캔톤의 방식(원자적 거래)**: 이 둘 사이에 '투명하고 절대적인 중재

자(스마트 컨트랙트)'가 섭니다.

1) A가 돈 가방을 중재자 테이블에 올립니다.
2) B도 다이아몬드를 테이블에 올립니다.
3) 중재자가 양쪽 물건이 맞는지 확인합니다. (중재자는 슈퍼맨급입니다.)
4) **"하나, 둘, 셋!"** 하는 순간 테이블이 회전하면서 **동시에** 서로의 물건이 교환됩니다.

만약 B가 다이아몬드를 안 올렸다? 그럼 테이블은 돌지 않고, A는 돈 가방을 다시 챙겨서 가면 그만입니다. **거래가 아예 '없던 일'이 되는 거죠.**

Q. 허가형 블록체인이 월스트리트의 표준이 될 수밖에 없는 이유는 무엇인가요?

자, 여러분. 블록체인 하면 뭐가 떠오르세요? "투명성", "모든 거래 공개", "누구나 참여 가능". 이게 우리가 아는 비트코인, 이더리움의 상식이죠. 이걸 **퍼블릭(Public) 블록체인**이라고 합니다. 그런데 월가 형님들은 이 '공개'를 죽기보다 싫어합니다. 왜냐고요?

1. 비트코인 (퍼블릭): "광화문 광장의 유리 집"

비트코인 세상은 마치 광화문 광장 한복판에 투명 유리로 된 집을 짓고 사는 것과 같습니다.

- **누구나 입장 가능**: 지나가는 개미, 외국인, 심지어 해커도 들어올

수 있습니다.

- **모든 게 보임**: 제가 오늘 점심에 짜장면을 먹었는지, 금고에 얼마가 있는지 만천하에 다 공개됩니다. (지갑 주소만 알면요.)

자, 여기서 골드만삭스가 JP모건한테 채권 1조 원어치를 판다고 칩시다. 이걸 비트코인망에서 하면 어떻게 될까요? 전 세계가 다 알게 됩니다. "어? 골드만삭스가 채권 던진다! 우리도 팔자!" 하면서 시장이 난리가 나겠죠. **기관들은 절대 이런 '알몸 거래'를 원하지 않습니다.**

2. 캔톤(허가형): "철통 보안의 VIP 멤버십 클럽"

그래서 그들이 만든 게 바로 **허가형(Permissioned) 블록체인**입니다. 이곳은 아무나 못 들어옵니다. 입구에 덩치 큰 가드(검증자)가 딱 버티고 서 있죠.

- **철저한 입구컷(Permission)**: "당신 누구야? 골드만삭스 직원? 명함 내놔. 신분증 확인해." 사전에 승인된 기관, 은행, 기업만 접속할 수 있습니다. 우리 같은 일반 개미나 익명의 해커는 얼씬도 못 합니다.
- **완벽한 비밀 보장(Privacy)**: 클럽 안에서도 '방음벽이 설치된 룸'에서 거래합니다. A 은행과 B 은행이 거래를 하면, 바로 옆방에 있는 C 은행은 그 사실을 까맣게 모릅니다. 오직 거래 당사자들만 장부를 봅니다.

자, 여러분. 이제 월가의 속내가 보이십니까?

그들은 블록체인의 '기술(빠른 전송, 위변조 방지)'은 탐나지만, 블록체인의 '정신(탈중앙화, 투명성)'은 너무나 싫은 겁니다.

그래서 캔톤 네트워크는 이렇게 말하는 거죠. **"야, 우리끼리만 쓰는 닫힌 네트워크(허가형) 만들어서, 우리끼리 빠르고 안전하게 자산 돌릴게. 개미들은 밖에서 구경이나 해."** 이게 바로 캔톤 네트워크가 꿈꾸는 세상, '선수들만의 리그'가 완성되는 원리입니다. 우리가 밖에서 아무리 떠들어도, 저 안에서 일어나는 거대한 돈의 흐름은 철저히 비밀에 부쳐질 겁니다.

비트코인, 이더리움, 캔톤의 전투력 비교분석

1. **비트코인=항공모함**(The Aircraft Carrier): **"존재 자체가 곧 힘이다."**

- **상징성**(Symbol of Power): 항공모함은 그 함대의 '깃발'이자 '심장'입니다. 항모가 침몰하면 전쟁은 패배입니다. 비트코인도 마찬가지입니다. 비트코인이 무너지면 크립토 시장 전체가 사라집니다.
- **특징**(Heavy & Slow): 항모는 방향을 트는 데 오래 걸리고 느립니다(비트코인의 느린 전송 속도). 하지만 맷집이 가장 좋고, 그 어떤 미사일(규제)을 맞아도 쉽게 가라앉지 않는 '불침항모'입니다.
- **역할**: 직접 전투를 하기보다는, '내가 여기에 있다'는 것만으로 전 세계에 위압감을 주는 '가치 저장의 끝판왕'입니다.

2. 이더리움=이지스 구축함(The Aegis Destroyer): "다재다능하지만, 수면 위로 드러나 있어 공격받기 쉽다."

- **다목적성(Multi-mission)**: 이지스함은 대공, 대함, 대잠 작전을 모두 수행합니다. 이더리움도 스마트 컨트랙트로 NFT, DeFi, 게임 등 온갖 잡다한 일을 다 처리합니다(범용성).
- **레이더(Transparency)**: 이지스함의 레이더는 모든 것을 봅니다. 이더리움의 '퍼블릭 원장'도 모든 거래가 투명하게 다 보입니다.
- **취약점(Exposed Target)**: 문제는 '물 위(Surface)'에 떠 있다는 점입니다. 적(규제 당국, 해커)의 눈에 빤히 보입니다. 덩치는 큰데 항모(BTC)만큼 튼튼하진 않고, 잠수함(Canton)처럼 숨을 수도 없습니다. 그래서 **가장 많이 두들겨 맞는 '샌드위치' 신세**가 될 운명입니다.

3. 캔톤 네트워크=전략 핵잠수함(SSBN - Nuclear Submarine): "보이지 않는 심해에서, 가장 치명적인 무기를 싣고 움직인다."

- **은밀성(Stealth)**: 핵잠수함은 물속에 숨어서 움직입니다. 적의 레이더에 잡히지 않습니다. → 캔톤은 **'프라이버시(Privacy)'** 기술로 거래 내역을 숨깁니다.
- **심해 작전(Deep Liquidity)**: 잠수함은 깊은 바다(Deep Ocean)에서 놉니다. → 캔톤은 개미들이 노는 얕은 물이 아니라, 기관들의 거대 자금이 흐르는 '다크 풀(Dark Pool)'과 '심해(Deep Liquidity)'를 장악합니다. (유동성의 깊이가 다르죠.)

- **전략 무기**(Strategic Weapon): 핵잠수함에는 국가를 날려버릴 수 있는 SLBM(잠수함발사탄도미사일)이 실려 있습니다. → 캔톤에는 세계 경제를 쥐고 흔들 수 있는 '토큰화된 국채'와 '파생상품'이 실려 있습니다.
- **공포의 대상**: 적(경쟁자)들이 가장 무서워하는 건 눈에 보이는 항모(BTC)보다, 언제 어디서 튀어나올지 모르는 수면 아래의 핵잠수함(Canton)입니다.

세상에서 가장 쉬운 RWA의 필요성 설명: 부동산 사기를 예시로

가끔 뉴스를 보면 금융거래의 시간차를 이용한 부동산 사기 수법이 소개가 됩니다. 예컨대 오전에 A라는 세입자와 계약을 하고, 오후에 B라는 세입자와 이중계약을 하는 것이지요. 오후에 계약한 세입자는 A와 집주인이 이미 거래했다는 내용을 전혀 알 수가 없기 때문에 집주인이 마음먹고 사기를 치면 꼼짝없이 당할 수밖에 없습니다. 또 다른 수법도 있습니다. 은행에 주택담보대출을 신청해서 대출금을 받은 상태로, 세입자와 임대차계약을 맺는 경우입니다. 은행에서는 대출금을 지급한 즉시 등기소에 근저당권 설정을 신청합니다. 하지만 근저당권 설정이 접수되어 처리되는 데까지 걸리는 행정적인 시간이 존재합니다. 1~3일 동안 근저당권이 등기소에 처리되기 전까지 세입자가 인터넷등기소에 검색을 해도, 대출로 인한 근저당권신청을 실시간으로 확인할 수가 없습니다.

이 황당한 사기가 가능한 이유는 단 하나입니다. 바로 '돈이 넘어가는 시간'과 '장부가 기록되는 시간'이 다르기 때문입니다. 금융 시스템이 디지털화되었다고 하지만, 은행의 전산망과 법원의 등기소 전산망은 서로 분리되어 있고, 이 틈을 메우는 건 결국 '사람(법무사)'이 뛰어다니며 처리하는 아날로그 방식이기 때문입니다.

이 1~2일의 '시간차(Lag)'가 바로 사기꾼들이 노리는 먹잇감입니다. 그런데 만약, 돈을 보내는 순간 등기부등본이 0.1초 만에 자동으로 바뀐다면 어떨까요?

이것이 바로 월가(Wall Street)가 주목하는 RWA(실물 자산 토큰화)와 캔톤 네트워크(Canton Network)가 필요한 진짜 이유입니다.

1. 현재의 문제: 따로 노는 장부들(Siloed Ledgers)

지금의 시스템을 봅시다.

1) 은행 장부: 대출금을 쐈다고 기록함.

2) 등기소 장부: 아직 기록 안 됨(법무사가 이동 중).

3) 주민센터 장부: 세입자 전입신고 받음(다음 날 0시 효력).

이 세 가지 장부가 서로 실시간으로 대화를 하지 않습니다. 그래서 누군가 중간에서 거짓말을 하거나, 시간차를 이용해 이중 계약을 맺으면 시스템은 속수무책으로 당합니다. 신뢰를 보증하기 위해 수많은 중개인(은행원, 법무사, 공인중개사, 공무원)이 필요하고, 비용과 시간이 듭니다.

2. 해결책: 캔톤 네트워크 위의 '아토믹 결제(Atomic Settlement)'

캔톤 네트워크는 전 세계 금융 기관들의 자산이 서로 연결되어 움직이는 거대한 '디지털 고속도로'입니다. 여기서 집(부동산)은 종이 문서가 아니라 '토큰(Token)'이라는 디지털 형태로 존재합니다. 이를 RWA(Real World Asset)라고 합니다.

캔톤 위에서는 이런 마법이 일어납니다.

• 시나리오: 캔톤 네트워크 기반 부동산 계약

1) 매수인(나): 내 지갑에 있는 '디지털 현금(CBDC 또는 예금 토큰)'을 보냅니다.

2) 은행: '디지털 대출금'을 보냅니다.

3) 등기소(정부 노드): '디지털 집문서(NFT 형태의 등기)'를 준비합니다.

이 셋은 캔톤의 스마트 계약(Smart Contract) 안에서 만납니다. 그리고 '아토믹 결제(Atomic Settlement)'가 실행됩니다.

아토믹 결제란? 원자(Atom)처럼 쪼갤 수 없는 거래입니다. "돈이 가면 문서가 오고, 문서가 안 오면 돈도 안 간다."가 100% 동시에 일어나는 것입니다.

3. 사기가 불가능한 이유

캔톤 네트워크 시스템에서는 다음과 같이 작동합니다.

1) 집주인이 오전에 은행 대출을 신청합니다.

2) 은행이 대출금을 승인하는 그 순간(동시에), 캔톤 네트워크상의

'집 토큰'에는 "은행 근저당 설정"이라는 딱지가 0.1초 만에 붙습니다.

3) 오후에 세입자가 계약을 하려고 조회해 보면? 이미 스마트폰 앱에서 "이 집은 방금 전 은행에 저당 잡혔습니다."라고 실시간으로 뜹니다.

4) 애초에 집주인이 이중 계약을 시도하려 해도, 스마트 계약이 "이미 담보로 잡힌 토큰입니다."라며 거래 자체를 거부(Fail)합니다.

'전입신고 다음 날 0시 효력' 같은 구시대적인 법적 공백도 필요 없습니다. 블록체인에 기록되는 순간이 곧 법적 효력의 시작이 되기 때문입니다.

4. 왜 하필 '캔톤(Canton)'인가?

다른 블록체인(이더리움 등)도 이게 가능하지 않냐고요? 반은 맞고 반은 틀립니다. (사실 부동산 거래의 경우 이더리움도 충분히 가능성은 있습니다. 하지만 캔톤의 원자적 거래 개념은 매우 혁신적이며, 금융기관 간의 거래에 특화되어 있습니다.)

- 프라이버시: 일반적인 경우 내 집 계약 내용과 대출 금액 등 자세한 내용을 불특정 다수에게 공개하기 싫어합니다. 퍼블릭 블록체인은 이게 다 보입니다. 하지만 캔톤은 금융 기관을 위해 설계되어 완벽한 프라이버시를 보장합니다. 거래 당사자끼리만 정보를 봅니다.
- 확장성: 전 세계 모든 부동산과 대출을 처리하려면 속도가 빨라야 합니다. 캔톤은 서로 다른 금융 기관 앱들을 끊김 없이 연결해 줍니다.

5. 결론: 신뢰의 주체가 바뀐다

지금까지 우리는 사기를 피하기 위해 '사람(공인중개사, 법무사)'과 '복잡한 서류'를 믿어야 했습니다. 하지만 RWA와 캔톤의 시대가 오면 우리는 '수학'과 '코드'를 믿게 됩니다.

- 대금 지급과 동시에 소유권이 넘어옵니다.
- 이중 계약은 시스템적으로 불가능해집니다.
- 등기 비용과 중개 수수료는 획기적으로 낮아집니다.

이것이 바로 골드만삭스, JP모건 같은 거대 금융사들이 캔톤 네트워크에 참여하고, 자산을 토큰화하려는 이유입니다. 단순히 기술이 멋져서가 아니라, 금융 사고를 원천 차단하고 비용을 줄여주는 확실하게 '돈이 되는 기술'이기 때문입니다.